Reconstructing
and
Redefining

the Creation and Development of
the Chinese Advertising Industry

重构与再定义

中国广告业的创新与发展

Reconstructing
and
Redefining

the Creation and Development of
the Chinese Advertising Industry

中国广告协会学术委员会　编

主编:金定海　罗　萍　曾秀芹

编审:白海清　陈经超　陈素白　王　霏
　　　王　晶　周　雨　赵　洁　朱健强
　　　林淑琴　朱星雨　徐心懿　田雨蕙

厦门大学出版社　国家一级出版社
XIAMEN UNIVERSITY PRESS　全国百佳图书出版单位

图书在版编目(CIP)数据

重构与再定义：中国广告业的创新与发展/中国广告协会学术委员会编；金定海等主编. —厦门：厦门大学出版社，2016.12
ISBN 978-7-5615-6348-9

Ⅰ．①重…　Ⅱ．①中…　②金…　Ⅲ．①广告业—中国—学术会议—文集
Ⅳ．①F713.8—53

中国版本图书馆 CIP 数据核字(2016)第 287747 号

出版人	蒋东明
责任编辑	王鹭鹏
装帧设计	李夏凌
责任印制	朱　楷

出版发行	厦门大学出版社
社　　址	厦门市软件园二期望海路 39 号
邮政编码	361008
总 编 办	0592-2182177　0592-2181406(传真)
营销中心	0592-2184458　0592-2181365
网　　址	http://www.xmupress.com
邮　　箱	xmupress@126.com
印　　刷	厦门集大印刷厂

开本	720mm×1000mm　1/16
印张	10.5
插页	4
字数	200 千字
版次	2016 年 12 月第 1 版
印次	2016 年 12 月第 1 次印刷
定价	40.00 元

厦门大学出版社
微信二维码

厦门大学出版社
微博二维码

本书如有印装质量问题请直接寄承印厂调换

厦门大学哲学社会科学
繁荣计划资助项目

厦门大学新闻传播学院赞助本次年会会议论文集的出版。会议共收到文章16篇,由于投稿论文分别来自业界和学界,格式和写作风格都较为多元。厦门大学广告系的师生——白海清、陈经超、陈素白、王霏、王晶、曾秀芹、周雨、赵洁、朱健强、林淑琴、朱墨,承担了本书的繁重的审校工作,在此表示感谢!

最后,我要感谢中国广告协会的领导对厦门大学一贯的支持!感谢金定海主任对我的信任!期待全国广告学术研讨会越办越红火!为中国广告业的发展做出贡献!

林升栋

厦门大学新闻传播学院 副院长

2016 年 10 月 15 日

目　录

大屏、中屏、小屏

——新媒体时代电子媒介广告的三分格局

卢小雁　林雨轩

（浙江大学传播研究所,杭州,中国,310058）

———————————— 摘　要 ————————————

　　广告市场上,竞争势力的分野和脉络逐渐清晰。电视是传统媒体的代表,仍然占有广告投放领域的重要份额;网络新媒体的强势崛起支撑着广告市场的蓬勃发展,实时竞价、程序化购买等技术带来全新投放方式,满足了市场对于规范化和精准广告投放的需求;移动互联网端的各类应用平台不断完善,其具有个人化、随身性、社交型的应用习惯及媒介接触特征,成为不可忽视的广告新生力量。广告市场的格局将主要受到这三方力量之间竞争与融合的影响,广告营销的运作方式、流程、理念将发生翻天覆地的变化。

关键词:电视广告;网络广告;移动终端广告

引　言

　　自 20 世纪 90 年代以来,电子媒介产业赖以生存的技术、市场、政策法规、社会需求等诸多因素发生翻天覆地的变化,这些变化促使广播、无线电视、有线电视以及数字电信网络等产业的经营理念和管理模式发生戏剧性的革命。

　　卢小雁,博士,浙江大学省级传媒实验教学示范中心主任,浙江大学传播研究所副教授,硕士生导师。林雨轩,浙江大学传播研究所硕士研究生。本文为浙江省哲学社会科学研究基地——浙江省传播与文化产业研究中心成果;浙江省委宣传部与浙江大学部校共建课题"省级卫视、地面频道、网络媒体受众承载和竞合关系研究"阶段性研究成果。

随着我国加入 WTO，人们对于电子媒介产业性质的认识越来越深刻。我国的电子媒介行政主管部门进行了一系列改革，提倡"事业单位、企业经营"和"三网融合"。随着电子媒介行业改革的推进，学术界对于电子媒介经营管理理论的研究也逐渐展开并呈现蓬勃发展之势。广告是整个电子媒介产业赖以生存发展的支柱，在国外，电子媒介大多数以商业方式运作，在信息传媒产业中占据举足轻重的地位。当今，电子媒介广告的影响力远远超过平面广告媒体，电子媒介的产品也非常丰富，其所面对的不仅仅是观众和广告商组成的二元市场，还面对节目销售、影音制作等多元市场。这些因素使得新媒体时代电子媒介广告的经营管理更加复杂，这也是电子媒介广告引起传媒、经济、管理等各相关领域越来越多学者关注的原因。数字广播、有线电视网、数字电视、互联网络、流媒体、手机、平板等通过横向和纵向整合而迅速形成各具优势的媒介市场，这些电子媒介的发展应用迫使管理者和研究者重新审视人们习以为常的信息获取方式，关注日益多样化且层出不穷的电子媒介广告形态。总体上，数字电视广告、互联网广告、移动终端广告占据电子媒介广告的主要市场份额，可以认为我们正处在大屏（数字电视媒体）、中屏（电脑网络媒体）、小屏（智能手机、平板等移动媒体）三分天下的大格局时代中。

一、电视广告：大屏力保老大之位

电视从发明至今已近 80 年，经历从机械电视到电子电视，从黑白电视到彩色电视，从模拟技术到数字技术和网络 IPTV① 的过程，电视节目的观感效果也随着数字技术的发展日趋先进，大屏、高清、3D 真彩是当下电视媒体的优势，逐渐发展成为最具影响力的电子媒介，拥有最广泛的受众和巨大的商业媒体价值。一直以来，电视广告的老大地位不可撼动。

但随着互联网络的发展与普及应用，电视广告市场发展趋缓已经是不争的事实，尼尔森网联全媒体广告监测的数据显示，近两年电视广告投放费用的增长逐渐放缓，从 2014 年 11 月至 2015 年 3 月，一度出现同比增长下降的局面。进入 4 月和 5 月之后，随着市场的复苏和季节性投放的增加，整体投放市场出现好转（图 1）。

---

① IPTV 即交互式网络电视，是一种利用宽带网，集互联网、多媒体、通讯等技术于一体，向家庭用户提供包括数字电视在内的多种交互式服务的崭新技术。

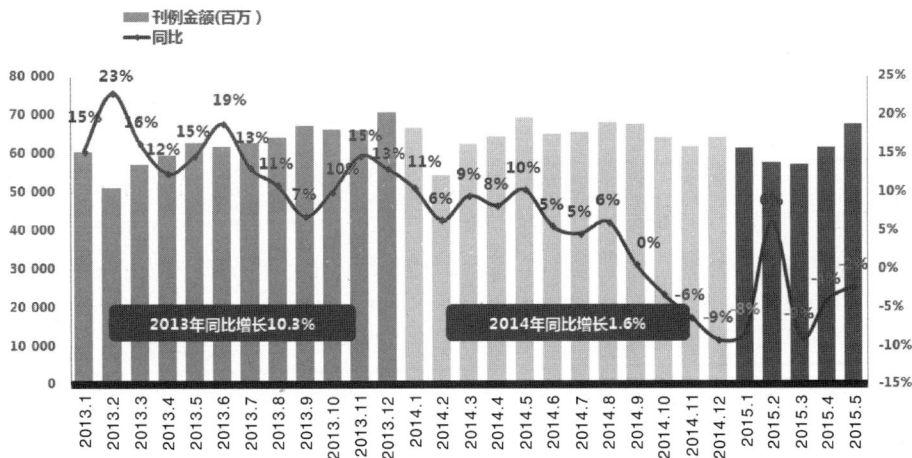

图 1　电视广告市场投放变化(2013 年 1 月—2015 年 5 月)

与此同时,近两年的电视节目市场上,出现越来越多投放超亿元的娱乐类节目,这些节目一方面吸引来自品牌和广告主的高额冠名费和广告投放(从近两年的数字看,仅冠名费就翻倍增长);另一方面在受众群中产生强大的影响力,由此衍生出关联电影、商业活动等周边产品。电视广告的投放逐渐向优势节目、频道、资源倾斜和集中,这些节目、频道和资源也提供了更加丰富的广告传播和营销方式,传统意义上"你播我看"的电视广告形式正在向更加多元和互动性转化。

表 1　部分卫视综艺节目冠名费变化

序号	节目	所属频道	冠名商	2014 年	2015 年
1	爸爸去哪儿	湖南卫视	伊利	3.1 亿	5 亿
2	非诚勿扰	江苏卫视	韩束	2.4 亿	5 亿
3	我是歌手	湖南卫视	立白	2.35 亿	3 亿
4	快乐大本营	湖南卫视	VIVO	1.93 亿	3.5 亿
5	奔跑吧兄弟	浙江卫视	凌渡/伊利	1.3 亿	2.16 亿
6	中国好声音	浙江卫视	加多宝	2.5 亿	未公布
7	最强大脑	江苏卫视	金立/伊利	0.6 亿	2.5 亿
8	天天向上	湖南卫视	特步	1.58 亿	2.5 亿

在这些节目中,花样繁多的植入式广告应用屡见不鲜,相对于形式生硬的插播式广告,植入式广告具有"润物细无声"的效果,逐渐受品牌和广告主的青

睐,植入式广告灵活的方式和开放的思路,为内容和形式创新提供了更广阔的空间。例如《爸爸去哪儿》第二季中伊利牧场的整体深度植入,通过全方位、多角度、体验式的情景和内容设计,将伊利"原生态""好奶源"等品牌特质与节目充分结合和展现。

电视已经不再是完全意义上的传统媒体,围绕着客厅中的电视终端已经形成全新的大屏产业链和生态圈。包括 OTT①、IPTV 在内的新业态电视所能提供的内容和交互形式,已经远远超出传统电视的领域和范畴,促使大批受众(尤其是年轻观众)重新回到电视屏幕之前。

二、网络广告:精准营销利器

贯通全球的互联网是我们这个时代的标志,这是一个充满挑战的竞争年代——网络社会化,数字化生存,开辟主页,构建论坛,开设博客、播客,经营网店,维护网络社区……充满艰险荆棘,也不乏硕果良机。网络广告伴随着网络传播的发展,在大变革的时期,如狂风骤雨般急行而来,改变我们的观念,打破传统的规律,冲破旧式的壁垒。在互联网上弄潮冲浪是现代人的时尚,网民的数量也由此呈爆炸式的增长;电子商务和网络营销则是这个时代的新宠,便捷的网上购物已深入我们的日常生活。网络广告随着网络传播的发展大显身手,给企业带来无限商机,给消费者带来诸多方便。

近二十年来,网络广告的增长趋势十分明显(图 2)。由于互联网和个人电脑的普及,用电脑浏览网页已成为大多数人既定的生活方式,一般而言,浏览信息者即为有兴趣者,直接面向潜在用户的可能性大,因此网络广告可以针对不同的受众使用不同的宣传策略。对于适合网上销售的产品,商家关注目标消费群喜欢上哪些站点,现在很多网络实时监控的软件可以帮助商家完成这种关注。利用软件技术,客户可以指定某一类专门人群作为广告播放对象,而不必为与此广告无关的人付钱。比如,如果客户在上海举办一个新品展卖会,他可以要求网站只向由上海登录的网民播放广告,网站可以通过监测 IP 地址满足这一要求。网络广告甚至可以做到一对一的发布以及一对一的信息回馈,对网络广告感兴趣的网民不再被动地接受广告,可以及时地做出反应。

---

① OTT 是"Over The Top"的缩写,指通过互联网向用户提供各种应用服务。这种应用和目前运营商提供的通信业务不同,它仅利用运营商的网络,服务由运营商之外的第三方提供。目前,典型的 OTT 业务有互联网电视业务、苹果应用商店。

这种互动优势使网络广告可以与消费者紧密沟通,马上实现交易,网络广告也就逐渐成为许多商家的精准营销利器。

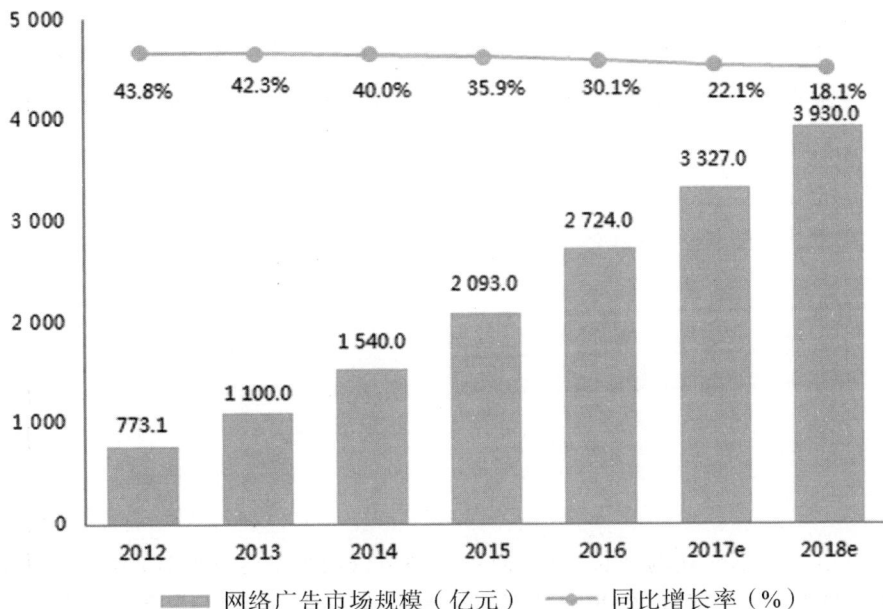

图2　2012—2018年中国网络广告市场规模及预测

搜索需要的信息是网民上网的主要目的,搜索引擎因此成为广告商了解用户行为数据的主要渠道。比起传统的门户网站,用户使用搜索引擎无疑是主动性很强的行为,这也为广告商寻找目标受众提供了更有效的数据。从艾瑞咨询公司发布的数据可以看到,主营搜索服务的百度和谷歌中国分别占中国网络广告市场营收的第一和第四。占据第二位置的淘宝,作为中国最大的电商平台,实际上也提供商品搜索的功能(图3)。除了获取用户行为数据之外,搜索引擎本身也能作为广告投放的终端。但值得警惕的是,最近发生的魏则西事件[①]折射出此类搜索引擎广告的监管缺失,百度竞价排名机制存在付

---

① 2016年4月12日,西安电子科技大学2012级学生魏则西因患有滑膜肉瘤晚期在咸阳的家中去世,终年22岁。此前,他通过百度搜索得知"武警北京总队第二医院"相关医疗信息,先后四次前往治疗。百度搜索相关关键词竞价排名结果客观上对魏则西选择就医产生影响,这引起全国关注。

费竞价权重过高、商业推广标识不清等问题,影响了搜索结果的公正性和客观性,容易误导网民,要使其良性发展,在注重广告商业效益的同时顾及社会效应,加强监管和自律十分紧迫而必要。

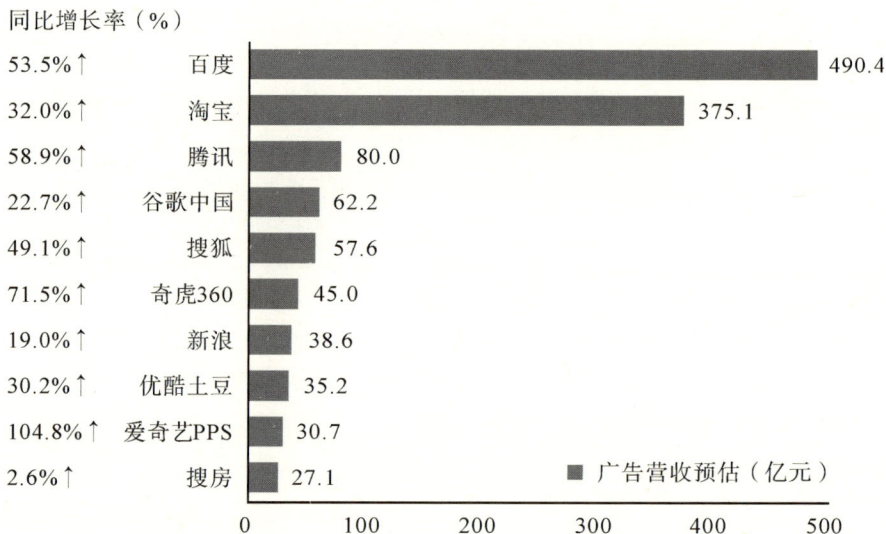

同比增长率(%)

同比增长率	媒体	广告营收预估(亿元)
53.5%↑	百度	490.4
32.0%↑	淘宝	375.1
58.9%↑	腾讯	80.0
22.7%↑	谷歌中国	62.2
49.1%↑	搜狐	57.6
71.5%↑	奇虎360	45.0
19.0%↑	新浪	38.6
30.2%↑	优酷土豆	35.2
104.8%↑	爱奇艺PPS	30.7
2.6%↑	搜房	27.1

图3　2014年中国网络广告市场媒体营收规模预估Top10

三、移动终端广告:考验受众黏度

根据CNNIC最近一期的《中国互联网络发展状况统计报告》显示,移动互联网发展势头强劲,已不容忽视。截至2014年12月,我国网民规模达6.49亿,互联网普及率为47.9%。其中,手机网民规模占比已达到85.8%。互联网(尤其是移动互联网)的崛起,为广告和营销带来全新的渠道和交互形式,手机、平板这种小屏化的智能移动网络终端的功能已完全不限于发展初期的以通讯为主,逐渐成为新媒体时代人类生活必不可少的伴侣。移动上网可提供购物、支付、旅游、交通、生活等层出不穷的新型应用,使其成为最具发展潜力的媒体。虽然现在智能手机的应用多供年轻人群使用,但毋庸置疑,这种发展潜力巨大的移动终端在不久的将来会成为受众最广和最具投放价值的电子广告媒介。

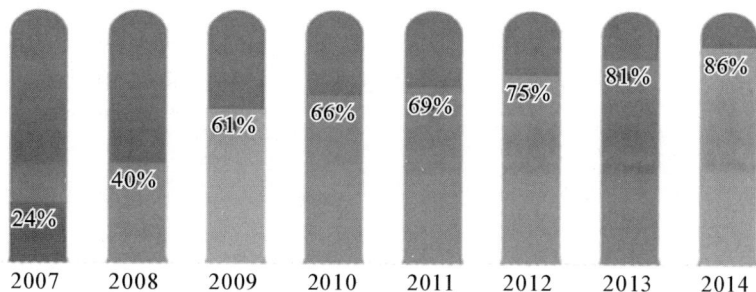

图 4　中国手机网民占全部网民的比例

　　移动终端的普及应用引发受众信息接触行为、消费行为及习惯的变迁，值得注意的是，这类新媒体带来的全新信息传播形式为传统广告和营销活动带来巨大的冲击，受众逐渐掌握更大的主动权，可以积极参与品牌广告和营销活动。无论是通过手机微信分享使用体验，或是主动在移动网络上搜寻产品信息，受众在越来越多的各类移动终端营销信息传播活动中扮演主角。因此品牌和广告主不能再仅仅希望通过某一种既有且固定的传播模式、传播渠道或传播活动就对受众产生强大的引导作用，而应把自身的品牌及广告感传播活动看作"会呼吸"的有机体，通过与移动网络上不同形式的人际交互与接触，促进品牌在受众心目中的成长，集中归纳受众接触行为、反馈和体验的信息数据，促进品牌的"思考"与自我升级。简而言之，移动终端广告需要考验的是受众黏度。

　　目前，最具优势的移动终端广告是基于微信传播的广告形式，即微信广告。微信是腾讯集团研发的基于智能手机的即时通讯软件，在目前国内同类产品中影响最大。微信的社交方式是基于强关系的社交，若品牌能提高受众黏度，微信用户之间的多级传播和口碑传播将获得事半功倍的效果。微信广告主要有四个优势：其一，微信广告可借助微信实现多级传播；其二，微信广告的信息传播可以实现文字、图片、声音和视频多元化交流；其三，微信的人性化特色有利于微信广告在用户中传播；其四，通过微信实现线上线下的联动十分方便，微信广告的即时性和时效性明显。除了直接发布微信公众号①进行广

---

　　① 　微信公众号是开发者或商家在微信公众平台上申请的应用账号，该账号与 QQ 账号互通，通过公众号，商家可在微信平台上实现和特定群体的文字、图片、语音、视频的全方位沟通、互动 。形成了一种主流的线上线下微信互动营销方式。

告营销以外,微信朋友圈已逐渐成为各类微商推广盈利的场所。用户在刷新微信页面信息时,类似的单条广告会夹杂在信息流中。可以评论、点赞、转发的广告信息有较强的互动性,还能根据用户地域、使用习惯等因素进行智能投放。根据腾讯公司新近发布的数据显示,目前微信活跃用户已达 4 亿多人,如此规模的用户基数成为微信传播的巨大商业资源,一旦将用户行为数据化,基于大数据分析的精准投放就有巨大的获利空间。

重新审视大屏、中屏、小屏这三类新媒体时代电子媒介广告的各自特点与发展态势,审视目前形成的广告市场三分格局,并由此回溯到媒介市场领域的竞争与融合关系,不难发现,所谓传统媒体与新媒体同样是广告和营销活动的工具和手段,并不存在严格意义上的彼此取代的关系。对于广告主而言,受众才是这场媒介竞争与广告营销革命的关键点。无论是电视、互联网,还是移动终端,都拥有媒介属性的独特优势,通过对自身媒介优势的强化利用以及对其他媒介特性的吸收融合,协助广告主推动并促进自身品牌在受众心目中的成长性,才是新媒体时代电子媒介广告致胜的关键。

参考文献

[1]杨晓玲.电视 or 互联 or 移动.新媒体时代广告的三权分立[J].数字营销杂志,2015(7):1—5.

[2]卢小雁,张琦.电子媒介广告[M].浙江大学出版社,2006(1):15.

[3]周蕾.微信广告传播力研究[J].东南传播,2012(1):21—23.

[4]马超,杨金表.互联网广告行业浅析[J].现代商业,2015(12):53—54.

[5]《广告大观》编辑部.满园春色关不住——互联网广告之现状调查[J].广告大观:综合版,2012(6):18—28.

当前信息环境下品牌传播创新研究
——以艺术品行业现状为例

李大虎

(山东圣火文化传媒有限公司,济南,中国,255000)

摘 要

本文对当前信息环境进行全面分析,认为信息相对过剩,探讨信息相对过剩的成因和影响;探讨品牌传播的概念、目的及作用,建立模型探讨不同品牌传播模式及其特征;分析艺术品行业现状,通过案例研究探讨艺术品品牌传播创新的途径。

关键词:品牌;品牌传播;艺术品;信息相对过剩

一、对当前信息环境的分析

(一)当前的信息环境:信息相对过剩

信息是人类活动的一个"局限条件",搜集信息是人们拓展认知边界的主要方式。然而信息的产生和传播不断加速,使信息不再稀少甚至成为冗余,品牌经济学将信息急速增加并给人们带来烦恼的现象称为信息爆炸[1]。尽管如此,在信息极大丰富的同时获得有价值的信息却越来越难,信息爆炸,过量的信息充斥,有价值的信息并未随之增加——这就是当前的信息环境,信息过剩只是表象,它掩盖了有价值的信息相对稀缺的事实,本文将现实生活的信息爆炸称为信息相对过剩,信息相对过剩是当前信息环境的重要特征。

(二)信息相对过剩的成因

首先是信息源的增加。信息源是信息的来源和产生地,随着认知能力、欲望及影响力的增加，人类活动边界的扩展为信息源的增加提供了便利，人类所到之处充斥各种信息源，如星辰、潮汐、文字、图案。

其次是信息传播渠道的增加和改进。信息传播渠道制约着信息的获取能力和范围，高效、便捷的信息传播渠道使信息极大丰富，过去人们担心信息太少，现在则因信息太多而犯愁。

再次是竞争导致的泛品牌化。竞争的加剧会导致过度包装、广告泛滥以及山寨贴牌等行为，此时品牌的覆盖范围急速延伸。泛品牌化加剧品牌同质化，最终导致品牌鉴别、区分功能的丧失，人们面对品牌带来的巨量信息无所适从[2]。

最后是消费个性化。消费个性化意味信息需求的个性化，消费者越来越挑剔，个性化要求越来越高，此时品牌能否为消费者带来特定信息或利益，只能依靠消费者的理解和解读。尽管消费者能够接触大量信息，但对消费者有价值的信息仍相对稀缺。

（三）信息相对过剩的影响

信息相对过剩导致信息同质性与信息异质性共存。信息相对过剩存在信息同质化，即过量信息不断地对同一事物进行模仿和重复。然而信息过剩并未改变信息需求者的独特需求，企业越来越精明，消费者越来越挑剔，政府监管越来越严格，信息必须是异质性的才能被接受，非异质性的信息就是同质化的垃圾。

信息相对过剩导致信息易得性与难识性共存，即获得信息极其容易但识别信息极其困难。无处不在的信息、便利的信息传播渠道、快捷的信息获取方式都使获得信息极其容易，这是信息的易得性。易得的信息未必就对信息需求者有益，信息的筛选、甄别越来越困难。

信息相对过剩导致对信息的怀疑和信任共存，人们担心的不是信息的缺乏而是信息的真实性和价值，人们对信息的怀疑态度越来越强，不时传出的质量事件、商业纠纷、负面报道等都影响信息的真实性。与正面、真实的信息相比，负面、虚假信息更易引起关注，其传播更快，影响更深，后果更严重[3]。

二、品牌传播及品牌传播模式

（一）品牌传播：概念、目的及作用

1.品牌传播的概念

国内外研究者对品牌传播的界定基本一致，如张玺乾把品牌传播定义为企业品牌的溢出和扩散[4],温汉华认为品牌传播是对品牌符号的传达[5]。总之,品牌传播是以品牌核心价值为原则进行的特定的品牌推广活动,包括广告、公关、销售等传播方式。本文将品牌传播定义为品牌信息的流动和运行。

2.品牌传播的目的及作用

品牌传播的第一个目的是传递品牌信息,品牌传播能够将产品信息、服务信息等品牌信息传递给目标受众,为目标受众接触、了解该品牌提供先决条件,进而促进目标受众对该品牌的支持或认同,最终形成品牌知名度和品牌忠诚度。

品牌传播的第二个目的是促进品牌信息的归类和转化。品牌信息的归类指对品牌信息进行有选择的加工和整理,例如,品牌文化包装、品牌叙事故事的挖掘等都是对品牌信息进行的归类;品牌信息的转化则是目标受众将其获得的品牌信息进行解码和解释。品牌信息的归类影响品牌传播的力度,品牌信息的转化则影响品牌传播的效果。

从品牌传播追求的实际效果看,通过有目的、有倾向地向消费者及目标受众进行品牌传播,不仅可以向其传递信息,而且可以提高品牌在其心目中的认知度、美誉度及和谐度[6]。对企业而言,品牌传播的主要目的有:提高品牌知名度;促进产品销售;抢占消费者心智,获取竞争优势;为产品系列或品牌系列服务,引导消费者进行品牌联想;强化品牌的差别利益或附属利益,谋求发展空间;品牌传播也可以作为彰显企业实力、企业文化的工具。

(二)现有品牌传播模式及其特征

由于品牌传播本质上指品牌信息的流动和运行,结合信息时效性、非对称性等性质,可以将品牌传播模式分为直接传播模式和间接传播模式[7],其中直接传播模式指通过直接途径进行的品牌传播,间接模式指通过间接途径进行的品牌传播。本文借鉴 Bass 模型来研究不同品牌传播模式及其特征。

Bass 模型是由 Frank Bass 提出的耐用消费品预测模型,该模型在技术扩散、新产品上市预测等方面获得广泛应用。Bass 模型认为新产品采用率仅与创新和模仿有关,下一时刻的新产品采用率与上一时刻的新产品采用率呈线性关系,用公式表示即:

$$P(t) = p + \frac{q}{m} N(t) \qquad (1)$$

其中:$P(t)$ 是 t 时刻将采纳新产品的数量;p、q、m 为常数,m 为首次购买的最大市场潜力;$N(t)$ 为 t 时刻以前已经采纳新产品的累积数[$N(0) = 0$]。继续假设 $f(t)$ 为 t 时刻的采纳比率、$F(t)$ 为从 0 至 t 时采纳者的累积比例,则 Bass 模型核心参数的解如下：

$$\begin{cases} F(t)=\dfrac{1-e^{-(p+q)t}}{1+\dfrac{q}{p}e^{-(p+q)t}} \\[4mm] f(t)=\dfrac{\mathrm{d}F(t)}{\mathrm{d}t}=\dfrac{(p+q)^2}{p}-\dfrac{e^{-(p+q)t}}{\left(1+\dfrac{q}{p}e^{-(p+q)t}\right)^2} \\[4mm] N(t)=mF(t)=m\,\dfrac{1-e^{-(p+q)t}}{1+\dfrac{q}{p}e^{-(p+q)t}} \\[4mm] n(t)=\dfrac{\mathrm{d}N(t)}{\mathrm{d}t}=m\,\dfrac{p\,(p+q)^2e^{-(p+q)t}}{(p+qe^{-(p+q)t})^2} \\[4mm] P(t)=p+qF(t)=p+q\,\dfrac{1-e^{-(p+q)t}}{1+\dfrac{q}{p}e^{-(p+q)t}} \end{cases} \tag{2}$$

当 p、q 为常数时，$P(t)$、$f(t)$、$F(t)$ 可求；当 m 为常数时，$n(t)$、$N(t)$ 可求；根据各函数与时间 t 的关系，可求得各函数的最值。

1.直接传播模式

直接传播模式可用仅有创新、没有模仿的 Bass 模型来表示，即 $p\neq0$ 且 $q=0$ 的特殊形式的 Bass 模型：在直接传播模式中，受众仅受品牌信息的影响，其他人群对信息受众没有影响，信息受众的决策仅与他获取的品牌信息有关。将 $p\neq0$ 且 $q=0$ 代入基本 Bass 模型，得直接传播模式各参数的解如下：

$$\begin{cases} F(t)=1-e^{-pt} \\[2mm] f(t)=\dfrac{\mathrm{d}F(t)}{\mathrm{d}t}=p[1-F(t)]=p[1-(1-e^{-pt})]=pe^{-pt} \\[2mm] N(t)=mF(t)=m(1-e^{-pt}) \\[2mm] n(t)=\dfrac{\mathrm{d}N(t)}{\mathrm{d}t}=mpe^{-pt} \\[2mm] P(t)=p+qF(t)=p \end{cases} \tag{3}$$

通过数值分析可知直接传播模式具有以下特征：

一是不完全性。由于 $F(t)=1-e^{-pt}$ 的值随着时间 t 的增加而增大，其极限值为 1 但永远小于 1，这表明仍有目标受众不接受品牌信息，直接传播模式不可能完全占有市场，即市场是不饱和的，仍有其他品牌的存在。

二是正相关性。任意时刻品牌传播增加率 $f(t)=pe^{-pt}$ 都是大于 0 的，这表明直接传播模式能够带来目标受众接受比例的增加，有益于品牌传播。

三是衰减性。对任意时刻品牌传播增加率 $f(t)=p\mathrm{e}^{-pt}$ 求导，其导数 $f'(t)=-p^2\mathrm{e}^{-pt}$ 小于 0，这表明随着时间的推移直接传播模式对品牌传播效果的贡献越来越小，其影响逐渐减弱。

综上，在直接传播模式下，品牌传播的效果依赖目标受众自发的品牌接受率即 p 的值。目标受众自发的品牌接受率越高则品牌传播效果就越好、品牌市场占有率增加得越快、占有目标市场的时间也就越短。因此，当品牌本身具有很高的自发接受率时，采用直接传播模式进行品牌传播更合适。

2.间接传播模式

间接传播模式可用没有创新、仅有模仿的 Bass 模型来表示，即 $p=0$ 且 $q\neq0$ 的特殊形式的 Bass 模型：在间接传播模式中，品牌信息受众受已接触品牌信息人群的影响，信息受众不直接获取品牌信息而是受已接触品牌信息人群的引导和影响。将 $p=0$ 且 $q\neq0$ 代入基本 Bass 模型，得间接传播模式各参数的解如下：

$$
\begin{cases}
F(t)=\dfrac{e(q,t,k)}{1+e(q,t,k)} \\[2mm]
f(t)=\dfrac{\mathrm{d}F(t)}{\mathrm{d}t}=qF(t)[1-F(t)]=\dfrac{qe(q,t,k)}{[1+e(q,t,k)]^2} \\[2mm]
N(t)=mF(t)=\dfrac{me(q,t,k)}{1+e(q,t,k)} \\[2mm]
P(t)=p+qF(t)=\dfrac{qe(q,t,k)}{1+e(q,t,k)}
\end{cases}
\tag{4}
$$

其中：$e(q,t,k)=\mathrm{e}^{qt+\ln\frac{k}{1-k}}$。

通过数值分析可知间接传播模式具有以下特征：

一是不完全性。初始时刻 $F(t)$ 是不为零的常数，它随着时间 t 的增加而增大并且极限值为 1 但永远小于 1，这表明间接传播模式不能完全占有市场。

二是正相关性。$F(t)$ 是关于 q、t、k 的增函数，因此现有受众对新受众的影响力越强、时间越长、品牌初始占有率越大则品牌传播总采纳率越大。此外，$f(t)$ 与现有受众对新受众的影响力也存在正相关。

三是衰减性。品牌传播增加率 $f(t)$ 是关于时间 t 的指数形式的减函数，即随着时间的推移品牌受众增加得越来越慢。

综上，在间接传播模式中品牌传播的效果与现有受众对新受众的影响力、时间、品牌初始占有率有关。间接传播模式适用于现有受众影响力强的品牌传播。

三、艺术品品牌传播创新:YR 公司案例研究

(一)艺术品行业现状及特征

1.艺术品行业现状

(1)企业资本进入艺术品市场,使艺术品行业环境发生深刻变化。个人藏家是艺术市场传统的资金来源,随着实体经济下滑、资金流动性收紧,个人藏家的购买力和投资需求降低,企业资金大举进军艺术品市场[8]。企业资本进入艺术品市场很大程度上是出于对艺术品增值潜力的乐观预期,这与近年来艺术品市场的走强有关;另外,部分企业资金进入艺术品市场是由于企业家出于对艺术的热爱或出于文化点缀的需要,无论哪种情况,企业资金涌入艺术品市场成为当前艺术品行业资金来源方面最大的变化。

(2)艺术品藏家发生明显分化。这主要是由艺术品市场购买主力的变化造成的:与传统个人藏家相比,机构藏家购买力更强、抵御风险的能力更大,能够轻易占领高端艺术品市场并挤压个人藏家的空间。在这种情况下,个人藏家内部将发生巨大分化,或者增加购买力继续进行艺术品收藏,或者是受资金限制退出艺术品收藏领域。传统意义上的个人藏家将消亡,这已成为艺术品行业的发展趋势,这就要求艺术品经营企业必须转向机构藏家,否则很难获得成功。

(3)艺术品收藏迈入国际化。中国艺术品市场有活跃的国外资金,在国际市场上也不乏中国藏家的大手笔运作,艺术品真正实现国际化,成为全球投资热点领域。艺术品收藏国际化要求艺术家走向国际化,还要求艺术品经营企业在经营理念、经营模式上冲破传统局限,创新发展模式,拓展发展空间。

(4)区域艺术品市场蓬勃发展。北京是全国艺术品交易的中心,与香港、上海组成中国艺术品市场的铁三角。在活跃中心的辐射带动下,区域艺术品市场发展迅速,经济增长强劲、文化底蕴深厚的地区成为艺术品投资者的福地,也是二三线艺术家及艺术品的展示舞台和演练场,没有区域艺术品市场的繁荣就没有艺术品市场的健康发展,只有开拓区域艺术品市场才能获得成功,艺术品经营企业必须扎根区域市场,辐射全国市场,对接国际市场。

2.艺术品行业特征

艺术品市场具有收入效应、乐观预期效应、名门效应和利基效应。首先,艺术品市场需求具有明显的收入效应,收入的增加影响艺术品需求及消费行为,收入效应是倍增的,收入越高对艺术品需求增加得越快;收入效应还表现

在艺术品购买属于炫耀性消费行为,具有精神追求、社会地位等象征意义[9]。其次是乐观预期效应,多数藏家的艺术品收藏行为都是出于保值或投资目的,只有当藏家对艺术品未来看涨时才会进行艺术品投资。再次,艺术品市场需求具有"名门"效应,市场追求艺术名家,同时对名家门生十分青睐,名门效应深刻影响艺术品行业,藏家通常不会投资新人新作[10]。最后,艺术品市场需求还具有一定的利基特征,也就是活跃的"炒冷门"现象,部分投资者选择暂不具有市场价值但未来行情看涨的偏门、冷门,这种投资带有"豪赌"性质。

(二)YR 公司品牌传播实务

YR 公司成立于 2013 年,是山东省文化传媒领域的新锐势力。自成立以来,YR 以其独特的运作模式在艺术品投资领域取得斐然业绩,不断创新艺术品营销模式,短短时间内实现数千万交易额,实现企业增值、艺术家品牌提高、合作伙伴共享投资收益"三合一",树立了强有力的企业品牌,在艺术品投资领域赢得较高的声誉。综合来看,YR 公司品牌传播包括传播内容的挖掘、传播平台的构建、传播技巧的运用三个方面。

1.传播内容的挖掘

(1)树立艺术家品牌。YR 公司对所经营的艺术家进行艺术履历、艺术师承关系的系统梳理,打造艺术家品牌,为市场化运作奠定基础。首先,对艺术家的艺术履历、市场潜力等投资者关心的要点进行系统梳理,发现艺术家的投资价值和增长潜力;其次,对艺术家进行精准的推广宣传,辅以推广资金的保障;最后,追踪艺术家创作,披露艺术品交易、拍卖情况,向市场传达投资信息,增强投资者信心。经过缜密有序的宣传推广,艺术家品牌显现并表现出市场价值。

(2)挖掘艺术品的文化内涵。邀请各界专家就艺术本身进行深入挖掘与解读,以题词、撰写评论文章等形式点赞,达到专家鼓掌的要求,获得提纲挈领的引导效果。以 LZY 油画作品为例:LZY 作品集传统与当代、西方与东方、艺术与哲学等于一身,来自自然又超越自然,出自中国传统审美意识又不拘泥于传统,充分融入西方表现形式;在笔墨方面,用西方油彩融入中国泼墨技法,打破油画传统藩篱,使用全新的艺术表现形式,使受众超越物质的表象进入心灵的深度空间,蕴含当代人对宇宙和自然认识,展现幽远神秘的油画禅境。

2.传播平台的构建

在平台构建方面,YR 公司联合各地有公信力的政府机构、人民团体主办或承办、协办单位,影响和带动主流消费人群,扩大宣传面。高等院校、文广新局、文联、高校校友会、行业协会、藏家协会、研究机构、拍卖机构、艺术评论家、媒体记者等机构或组织的参与不仅提高了公信力而且影响这些组织成员,产生强大的扩散效应,对品牌传播大有裨益。

在传播媒介方面,YR公司重点选择具有业界权威性和地方巨大影响力的媒体进行整合传播,具有影响力和公信力的主流媒体的宣传报道对扩大宣传面、制造社会舆论、建立与受众的广泛沟通具有重要意义。在品牌视觉形象传播方面,YR公司借助不同媒体进行立体宣传,实现整合传播,扩大艺术家的影响面,树立艺术家品牌公众形象。

充分发挥圈层操作带来的品牌溢价,圈层代表群体的消费习惯、人脉关系、社会影响力等信息,YR公司充分利用在行业协会、科研机构、民间团体等方面的优势,以个人推荐或战略合作的形式与多个组织、团体形成互利共赢关系,通过圈层操作快速锁定并影响目标消费群体,提高品牌传播效率和质量。

3.注重传播技巧

结合艺术品特点进行专业策展。YR公司策划举办了一系列的艺术品专场展览:从举办时间看,时间跨度非常长;从举办地点看,包括国内文化名城以及国际知名艺术发祥地。部分展览在综合展期、规模、参观者数量和层次方面开创历史,国外展览的成功举办标志该公司品牌传播正式参与国际化操作。

注重传播互动和交流。YR公司举办数场艺术家学术研讨会,邀请学界、政界、商界、文化艺术界、收藏界、媒体人士、艺术爱好者共同参与,各抒己见,起到聚集粉丝、产生共鸣、凝聚人心的作用。通过开放式、学术化、近距离、艺术家亲临讲解等形式拉近艺术家与藏家的距离,进一步增强市场对艺术家及其作品的了解和信心,巩固潜在的消费关联,打造艺术家品牌和YR品牌,引导艺术市场健康有序发展。

发挥示范效应,与有实力、有号召力和影响力的收藏家深度互动促进销售,以点带面,获得羊群效应。对目标客户进行跟踪邀约、共同鉴赏、沟通交流直至最后成交——在这一过程中,美术馆负责人、画廊经理、企业藏家、私人藏家积极购买收藏,尤其是大藏家的介入,逐步获得羊群效应。

(三)YR公司品牌传播及其创新点

YR公司品牌传播具有一定的参考价值,该公司充分考虑直接传播和间接传播的不同效果,将二者有机结合,在品牌传播方面进行创新,形成独特的"多平台互动的脉冲式传播"。其创新点可归纳为三个方面:

第一,多平台互动的脉冲式传播在多个平台的基础上进行,传播平台具有多元化特征:既包括传统媒介又包括新媒体,既包括艺术品市场主体又包括其他团体组织,既有学术交流又有藏友座谈。

第二,多平台互动的脉冲式传播强调品牌传播中的互动,注重受众参与和信息反馈,能够改善传播效果并捕捉市场变化。

第三,多平台互动的脉冲式传播是按计划进行的,配合市场活动进行有针对性的品牌传播,在强度、范围和持续时间方面适当调整,在保证常规传播效果的前提下减少传播强度,在策展及其他重要活动期间采用高强度、高覆盖、长时间的传播投放。

四、研究结论及展望

商业活动总是伴随着各种各样的信息,尽管总量信息巨大,但是人们还要不断搜集有价值的信息,信息过剩只是表象,实际上信息仍是稀缺的,即信息相对过剩。

品牌传播的本质是品牌信息的流动和运行,直接传播和间接传播都具有不完全性、正相关性和衰减性,信息相对过剩条件下的品牌传播需要进行创新和探索。本文以艺术品牌传播为例,从传播内容的挖掘、传播平台的构建、传播技巧的运用等三个方面分析 YR 公司多平台互动的脉冲式传播,具有一定的借鉴意义和参考价值。

参考文献

[1]刘华军.品牌的经济学分析:一个比较静态模型[J].财经科学,2006(8):60—66.

[2]蒋诗萍.论"泛品牌化"的内涵及后果[J].国际新闻界,2012(7):102—108.

[3]Jennifer K. Robbennolt. Outcome Severity and Judgments of "Responsibility": A Meta-Analytic Review[J]. Journal of Applied Social Psychology,2000(12):2575—2609.

[4]张玺乾.解析五粮液品牌传播的文化推力[J].中华文化论坛,2009(1):143—147.

[5]温汉华.品牌符号传播与整合营销传播的内在联系[J].新闻知识,2013(11):22—24.

[6]余明阳,舒咏平.论"品牌传播"[J].国际新闻界,2002(3):63—68.

[7]Sahin Azize, Zehir Cemal, Kitapc Hakan. Does Brand Communication Increase Brand Trust: The Empirical Research on Global Mobile Phone Brands[J].Social and Behavioral Sciences,2012(58):1361—1369.

[8]黄隽,唐善才.透视中国艺术品投资市场[J].中国金融,2013(21):91—92.

[9]Mandel. Art as an investment and conspicuous consumption good[J]. American Economic Review,2009(99):1653—1663.

[10]何非.亿元时代的艺术品市场[J].美术观察,2012(1):28—31.

从创意产业到创意城市

——论工业城市向后现代城市转型的核心要素

程宇宁

（重庆工商大学,重庆,中国,400044）

———————————— 摘　要 ————————————

本文对创意产业的概念进行重新界定,对创意产业与创意城市之间的关系进行对比分析,在此基础上对工业化城市向后现代城市转型的核心要素进行梳理和归纳,为我国工业化城市向后现代城市转型提出建议。

关键词：创意产业；创意城市；转型；核心要素

进入 21 世纪,市场经济的全球化以不可阻挡之势为越来越多的国人所接受和认同,不过,许多人对市场经济全球化的理解仍然停留在构筑传统产业基本要素(资本、技术、设备、产品)的全球市场化流动与转移。然而,随着 20 世纪 90 年代起源于英国的创意产业的快速崛起,全球化市场经济在产业形态要素的构成上具有更加丰富多彩的特征。许多西方工业发达的城市借助创意产业的勃兴成功地转型为后现代化城市,即人们常说的创意城市。

一、创意产业与创意城市

目前,以文化和创意为核心的创意产业的发展指数,已经成为衡量城市综合竞争力高低和是否具有可持续发展潜力的重要指标,这就涉及两个相互交集且须臾不可分离的概念——创意产业和创意城市。

(一)创意产业概念的界定

关于创意产业,英国政府的定义为许多国家所认同:所谓创意产业,即指起源于个体创意、技巧及才能并通过知识产权生成与利用进而创造财富和提供就业机会的产业。该界定虽然文字不多却言简意赅,至少包含以下两个意思:其一,创意产业的主体是人而不是原材料、土地或者生产工具。换句话说,构成创意产业核心要素的是人而不是资本,是人的心智、灵感和创意,而不是原材料、土地或生产工具,这实际上也体现出创意产业与传统产业的本质差异所在。其二,创意产业与知识产权的产生和运用相互结合。创意产业的发展有赖于具有良好外部环境的成熟的法制社会,尤其是知识产权概念的普及以及相关法律的完善与否在很大程度上决定了创意产业在一个国家的发展速度与质量。该定义对创意产业理论研究的贡献在于,首次明确界定构成创意产业的核心要素是人及其聪明才智,清晰地界定了知识产权与创意产业之间的因果关系。其不足之处在于未涉及创意主体的思维过程、创意产品的形态与特征以及构成产业发展的市场需求。

有"创意产业之父"之称的英国经济学家约翰·霍金斯在《创意经济》一书中提出另一个得到普遍认同的定义:其产品都在知识产权法的保护范围内的经济部门,版权、专利、商标和设计产业四个部门共同构建了创意产业和创意经济。

霍金斯的这个定义扩大了英国政府的创意产业的内涵,但不涉及创意主体、创意思维、创意产品特征、市场需求等构成创意产业的关键要素。

厉无畏和王慧敏认为:创意产业的关键要素是创意和创新,从更广义的角度看,创意产业也是创新产业。通常我们把以创意为核心增长要素的产业,或缺少创意就无法生存的相关产业,称为创意产业。

该定义将关注的重点仅仅放在产值的增长上,完全不涉及创意产业的构成要素和思维方式及产品特征,甚至将创意与创新混为一谈,使得该定义几乎无多少创新可言。笔者认为,在对创意产业进行界定之前,有必要先辨析创意与创新的概念,以便更全面、更清晰地理解创意产业。

笔者以为,创意与创新是两个不同的概念。相对而言,创意更倾向于描述或形容涉及形而上的与意识形态相关的事物,创新则更倾向于描述或形容涉及形而下的与科技生产有关的事物。因此,人们常常将文化与创意相提并论,将科技与创新并列使用。

文化创意主要是为产品注入新的文化要素,如观念、情感和审美品位等,为消费者提供与众不同的体验,提高产品与服务的精神价值。在物质生产还不发达时,人们倾向于关注商品的使用价值;但随着经济的发展,人们对商品的精神需求日益重视,这就给创意产业的发展提供了广泛的市场基础。

科技创新改变产品与服务的功能结构，为消费者提供新的更高的商品使用价值；或改变生产工艺以降低成本消耗和提高生产效率。虽然科技创新活动也会融合创意因素，且其产品的生产往往也具有版权和专利权，但科技创新通常凭借程序或方法的使用来提高工作效率；文化创意则通过观念、情感和审美品位的传达来赋予商品"象征意义"。因此，从以人为本的角度看，科技创新是通过效率的提高使人拥有更多的自我时间，文化创意则通过内容的创造使人在有限的自我时间中拥有更精彩的体验。

为理解上的方便，笔者认为创意产业内涵的关键就是强调产品的原创性和产业化。产品在形态上既可以是具象的，也可以是抽象的；既可以满足消费者的物质需求，又可以满足消费者的精神需求。

根据我国在创意产业发展的实际状况，笔者认为创意产业有广义和狭义两种。

狭义而言，创意产业是创意主体有意识地将具有抽象的文化内涵、独特的审美取向通过巧妙地构思转化为具象的可进行市场交易的以满足消费者精神需求为主的商品，通过知识产权的保护鼓励，形成低资本投入、高附加价值、高渗透辐射为特征的产业发展形态。

此定义清楚地表明创意产业有四个基本要素：一是具有善于将抽象的、独特的、创意构思物化为商品形式的创意者；二是创意商品必须具有较为丰富的文化内涵和审美意象；三是创意商品应满足消费需求且主要以满足消费者的精神需求并可供市场交易；四是创意产业的形成必须有赖于知识产权的保护和鼓励。

广义而言，创意产业就是产业创意，即企业在传统产业的基础之上，将文化、设计、艺术、营销等相关理论与本企业的产品研发、生产和销售等各个环节有效整合起来，努力使本企业的生产运营向产业链的上游（研发设计）和下游（品牌营销）延伸，促使传统产业转变成为具有高度融合性、高度创新性和高增加值的发展业态。目前，许多非专业的人士，尤其是政府官员和企业管理人员，大都从这一角度来理解和认识创意产业。说这种认识对于传统产业的改善也有所助益，只不过这种理解过于宽泛，且落脚点仍然是传统产业。因此，这种认识并不能真正推动创意产业的发展。

（二）概念的延伸

创意产业的概念从 2006 年进入我国，便受到越来越多的城市和地区的重视，许多地方通过制定相关扶持政策积极倡导和大力发展创意产业。但是，一些地方政府并不了解创意产业的概念和构成要素以及产业特征（与传统产业比较），并未进行深入细致的分析和研究，甚至未对创意产业与传统制造业进行比较分析和研究，在推动创意产业发展的过程中，依然遵循传统制造业的思维方式和行为习惯，期望通过划地皮，设园区，盖高楼，加大投入，免税收等政策和举措来发展创意产业，显然不可能真正扶持和推动创意产业发展。毕竟，创意产业与传统制造业在本质属性和运营模式上都截然不同：前者的第一要素是人，后者的第一要素是资本；前者所创造的商品利润在于其创意构思，后者所创造的商品利润在于其产业的规模化；前者生产的商品主要满足消费者的精神需求，后者生产的商品主要满足消费者的物质需求。所以，创意产业的本质属性决定了其生存和发展的路径、方式及其规律必然有别于传统制造业的发展模式。

笔者工作和生活的重庆市，其创意产业于 2006 年起步，其发展思路与其他许多城市一样，仍然以发展制造加工业的模式加以推动，即由政府引导，出台若干个扶持政策，每年拿出几千万对创意项目进行资助，评审市级创意产业基地/园区……这些措施固然对刺激部分创意型企业积极从事和开展创意项目的研发与投资起一定的作用；但对于一个城市而言，依靠这些外部的刺激而缺乏市场的培育和企业的内生需求，任何产业都将难以长期可持续性地发展。

截至 2014 年，重庆市创意产业实现增加值 710 亿元，占全市 GDP 的4.9%；市级创意产业基地达到 49 个，其中 6 个获得国家级基地称号，入驻企业 5 000 余家，营业收入达 700 亿元，占全市创意产业营业收入的 50% 以上，其中百亿级基地 1 个，5 亿级以上基地 5 个。上海市的创意产业在 2013 年实现增加值 2 500 亿元，同比增长 10.1%，占全市生产总值的比重约为11.5%；2014 年，上海市的创意产业增加值预计占到 GDP 比重的 12%。

上述数据至少可以反映两个信息：一是重庆市的创意产业与上海等城市相比还处在相对落后的地位，还有相当大的发展空间；二是重庆市的创意产业发展仍然追求规模化，这与创意产业的本质特征还有较大的距离。

重庆市创意产业之所以处在相对落后的地位，既是因为政府官员主观上并未正确理解创意产业，也因为现存体制有诸多障碍影响创意产业的发展。譬如，重庆市创意产业隶属重庆市经济和信息化委员会，该委员会在具体制定相关政策推动创意产业发展的过程中自然就会将文化产业排除在外，该委员会在提倡和推动创意产业与相关产业融合的过程中，更加重视创意产业与工业、农业、服务业的融合，并不提如何与最关键的核心要素——文化产业的融合问题。笔者认为这一现象并不仅仅出现于重庆市，国内绝大多数城市在推动创意产业发展过程中都会遇到这种制度安排对产业发展的制约。

（三）如何理解创意城市

相对于创意产业，我国各地对创意城市这一概念更陌生。实际上，创意城市指的是，在全球性竞争日趋激烈的环境下，地方城市如何重塑形象，重获生机和重新定位。地方城市必须充分把握全球与本地区城市在文化层面和经济层面的发展态势及其彼此相对应的关系，在寻求本地区（城市）正确的发展定位及其长远的可持续发展的目标指引下，制定一系列相关政策以营造出有利于创意人才聚集的创意环境。笔者认为，创意城市更具宏观的和方向性的形而上的色彩，目的性和意义性较强；创意产业则带有明显的中观或微观的运用方法和形而下的意思，工具性和手段性较强。前者具有社会学的价值和软性的延时性的特征；后者则具有经济学的价值和硬性的即时性的特征。无论从理论看还是实践看，两者之间都必须而且只能相互依存、相互促进和共同发展。如果要比喻的话，创意城市就好比是水，创意产业就好比是鱼，有什么样的水（生态环境）才会有什么样的鱼。在大多数情况下，人们往往被美丽的鱼所吸引，却对其赖以生存的水资源环境视而不见。这种只见鱼儿不见水的思维方式对个人而言就是思维能力的问题，其对个人造成的危害有限。政府决策者以这种思维方式来指导事关国计民生的宏观层面的决策，造成的损害就难以估量。

近年来，我国各地政府为了刺激地方经济的增长，提高就业率，纷纷制定雄心勃勃的创意产业发展规划，这种将创意产业仅仅看作可以提高 GDP 数字的新颖而时尚的经济手段的认识，显然是盲人摸象似的肤浅与片面。实际上，近年来许多地方政府官员纷纷到欧洲的伦敦、曼彻斯特、巴黎、法兰克福、柏林等城市考察当地创意产业的发展状况。然而，也许是由于身份的不同导致观察角度不同，绝大多数国内政府官员不约而同地将考察的重点放在上述这些城市的创意产业本身的门类、运作模式、价值转换等更微观层面的内容，始终将关注点集中在创意产业为当地的 GDP 所做的贡献上，而对创意产业所赖以生存和发展的生态环境则缺乏深入的考察和研究。五十多年来，这种思维似乎已成为一种习惯、一种定式。其所导致的有趣的悖象就是：思维已经成为定式的政府官员积极努力地推动本地区的创意产业——这个以人的创造力为核心增长要素的产业的发展愿望不可谓不好，但良好的愿望未必就一定能产生良好的结果。在我国，已经有无数的事实、沉重的代价反复证明这一非常简单而浅显的道理。

因此，笔者一直以为，地方政府为推动和发展创意产业所做的努力是值得肯定的。但是，如果对创意产业发展的认识仅仅停留在经济学的层面上，而迟迟不能站在社会学的高度上，从创意城市的视角努力营造一个能够真正吸引创意人才的人文环境，创意产业的勃兴也就无从谈起。

城市是时间和空间的集合体，它在居住主体的作用下，通过城市规划、道路交通、建筑、政治、宗教、民俗、饮食、消费等逐渐形成自己的传统积淀和文化个性。创意城市则是在城市的历史与未来的时间纵轴和本市与其他城市的空间横轴上寻找一个节点予以重新定位与规划，从而使城市的社会、政治、文化、科技、教育、经济等各个领域在世界范围内具有更强的竞争力。不过，创意城市的成功与否依赖于城市的管理者是否真正在法律上允许或鼓励城市公民在意识形态方面的表达自由和完备的民主体制。因为，从事以文化为核心的创意产业的创意人员，其创造性的构想与表达如果受到保守的或僵化的思想意识压制的话，无疑会扼杀创造力的涌现，进而使创意产业的发展受到严重阻碍。不过，从宏观的层面看，我国目前的现实状况与西方发达国家相比还有较大的差距。但是，如果仅仅从国内的范围对各地城市进行比较，这一问题似乎又是一个伪问题。毕竟，国内一些城市在吸引创造性人才的力度、对创意表达的容忍度、对外来文化的吸收等方面制定的政策有相当大的差异的，这种差异也在很大程度上决定了不同城市间的创意产业的发达程度。比如，湖南的广电集团在影视产业上取得的成功、广州的南方报业集团在传媒产业上取得的业绩均是对上述观点最好的证明。

因此，在对待创意产业和创意城市的问题上，城市的决策者不应该采取只重产业而轻视城市的态度。虽然推动创意产业的发展对于城市的经济增长有着眼前的和即时的效果；推动创意产业比建构创意城市，无论是在理论的研讨上还是实践的模式上，都要简单得多；甚至，推动创意产业无须像建构创意城市那样需要在政治、文化等意识形态领域里冒更大的风险。但是，如果城市缺乏强大的公民社会结构，缺乏社会最起码的文化活力，难以吸引各类专业创意人才的聚集，这个城市的创意产业就只能是无本之木、无水之鱼，生存都成问题，又谈何发展？

综上所述，创意产业关注的是人与物的价值转换及其投入与产出的问题；创意城市则关注人的物质与精神层面的生存与发展及人与人的交流与自由表达的问题。实际上，构建创意城市与政府提倡的以人为本、构建和谐社会在本质上是一回事。所以，国内的各地各级政府，尤其是一二线主要城市完全应该有理由、有信心抓住城市发展转型的契机，真正将人的思想从僵化的教条中解放出来，形成不可估量的巨大创造力。唯其如此，我们的城市才能真正地发展，我们的文化才能够真正地复兴，我们的民族才能够真正地站立起来。

二、现代工业城市向后现代城市转型的必由之路

城市的发展演变过程,经历了从繁荣到衰落再到振兴与再生的起伏与转型。以机械化大生产为特征的工业经济造就了以生产为中心的大规模、标准化的城市;当城市开始向后现代城市转型,城市就必然地从生产中心转变为以文化和消费为中心,被工业革命抛弃已久的"个性化"浪潮卷土重来。于是,以文化为核心创造力的创意产业在城市的转型中迅速崛起也就正当其时。

(一)传统的城市化发展之路难以持续

现代城市是在现代工业迅速崛起的基础上发展而来的,现代工业的迅猛发展推动了现代城市的快速形成和发展,现代城市的形成和发展又反过来推动现代工业的规模化和标准化的发展,两者形成彼此相互依存的互动关系。在工业化发展的早期,这种互动关系尤为显著。

毋庸置疑的是,国内许多城市,比如重庆市,在其城市化发展的过程中,现代工业的集聚为其城市化的发展做出不可磨灭的贡献。然而,随着城市工业化进程的加快,工业化给城市公民的生活带来的负面影响也在迅速增加,包括交通拥堵、环境污染、热岛效应、气候恶劣、水质下降等。为解决这些问题,重庆市政府已经做出一系列决定,陆续将环境污染较为严重的大型工业企业迁出城市主城区,希望引进国内外金融机构和大型企业,将其总部落户重庆,大力发展物流业以填补由于部分污染型加工制造企业搬迁之后留下的城市空间,逐步将重庆这个现代工业城市转变为长江上游地区的金融中心或西南地区的物流中心。

这一战略构想从产业升级的角度来看固然是没有问题的,但是从城市转型的角度而言,则显然还有商榷的余地。因为,作为长江上游地区的金融中心,似乎与重庆市民并没有直接的关联,这就像纽约的华尔街即便是全球的金融中心,除了那些金融大亨可以赚得盆满钵满,与普通的纽约市民却没有什么关系是一样的道理。所以,且不说重庆市有什么资源可以利用并建设成为金融中心,即便是将重庆市建设成为长江上游地区的金融中心,除了其所创造的税利可以增加政府的财政收入之外,其他如就业率等与普通市民生活有直接关系的要素则不太可能得到体现。总之,任何一个国家或城市的战略选择或改革,其受益者应该是该国家或城市大多数的公民,否则,所谓的战略选择或改革就失去正当性,也不太可能受到人民的支持与拥护。

（二）从产业升级到城市转型

近年来，由于外向型加工制造业受劳动力成本提高和全球金融危机的影响，国内各级政府纷纷提出各种产业升级的战略规划，似乎只要像以往那样通过广泛地发动、扶持和鼓励，产业就能够顺利升级，但实际情况并不那么简单。过去，国内沿海、内陆地区的外向型加工企业之所以吸引外资，其最大的竞争力是低廉的劳动力成本。这些竞争优势荡然无存时，传统加工型生产企业只能进行产业的升级改造，即由产业链的中端（加工制造）向产业链的两端（产品研发设计和品牌营销传播）延伸，使中国制造进化至中国创造。但问题是，产业在升级的过程中，竞争优势在哪里？而且，即便是升级，也还是需要一个过程，至少3～5年，只有部分优秀企业才可能逐渐找到自己在产品研发设计领域的后发竞争优势。此外还有一个最为根本的问题，企业生产的产品的消费市场在哪里？目前，似乎还能够销往国外市场，但是产业升级以后还能否销往国外市场则值得质疑。也就是说，当我们的产业升级之后，我们企业的产品与国外企业的产品相比如果在价格上还没有竞争优势的话，那竞争优势又在哪里？如果上述质疑还算是比较在理的话，那么，真正解决上述问题的办法似乎就是企业将其生产的产品的国外市场转向国内市场。不过，这就需要我们的政府制定相关政策刺激国内市场的消费需求，通过拉动国内市场的消费推动产业的升级换代，进入良性循环。但国内消费市场的长期低迷仅仅依靠政府的政策就能真正解决吗？对此，笔者的看法也是大有疑问的。真正能够解决上述问题的应该是地方政府早日实现城市转型，即在推动本地区产业升级的同时，加快现代工业城市向后现代城市的转型。

国内城市转型可以从以下两个方面为本市创意产业的崛起和发展提供更多更好的发展机遇和空间：

其一，城市的增长方式转变带来的机遇。由于城市土地和劳动力成本的不断上升，这就使得驱动城市经济发展的动力从要素驱动、投资型驱动逐步转向创新驱动。创新驱动自然就要包括科技创新和文化创意两个层面，而创意产业作为文化创意与科技创新的有机结合体无疑是城市经济发展的支柱型产业。

其二，城市实现可持续发展带来的机遇。依赖有限的自然资源所从事的高能耗、高污染、低效益、低附加值的传统工业显然无法使城市真正步入可持续发展的轨道；创意产业所依赖的则是无限的文化资源和主体资源，其发展的特征与传统工业恰恰相反，即低能耗、无污染、高效益、高附加值。从某种意义上说，城市的转型为创意产业的发展提供了机遇；反过来，创意产业的发展又为城市实现可持续性发展提供了可能。

三、构建创意城市的核心要素

创意城市植根于本土文化,因此,从全球的角度而言,每个创意城市都富有其与众不同的个性。不过,从创意城市基本具备的必要条件而言,世界各地的创意城市仍然有许多相似之处——完善的社会结构、多元的文化聚集、众多的创意人才、健全的法制体系、自觉的版权意识、自由的言论表达和宽容的公民心态。笔者认为,相对而言,构成创意城市最关键的核心要素是文化、人才和创意。

(一)营造良好的都市生活环境

创意人才是创意城市的核心资本,自然成为国内外许多创意型城市推进和鼓励创意产业发展的政策焦点。笔者以为,国内一些城市制定的针对创意人才的相关政策会产生一定的作用,因为这些政策大部分与硬件有关,如一次性发放多少引进费、提供住房(别墅)、解决户口、几年内免交各项税收,但这些政策对于那些以自由、平等作为自身价值取向的创意人员并没有多大的吸引力。想想当年延安虽在西北穷乡僻壤,其硬件环境无法与上海等地相比,却依然吸引大量人才(大学生)投身革命。显然,这些大学生看重的不是硬件环境,而是软件环境,即当时中共延安政府所公开提倡和推动的民主(直选)、自由、平等、人权等这些普世价值理念。所以,国内主要城市的市政府在构建创意城市时,应该注重和加强制度建设,通过营造良好的城市生活环境,吸引更多的创意人才。

笔者认为,实行转型的创意城市可以通过建立以下制度吸引国内外创意人才:

一是建立创意人才的跨地域引进制度。创意人才的特征之一是具有较大的流动性,他们更喜欢聚集于宽松、自由的环境,由于其自我实现的人生价值取向使得他们更具有全球理念和创新精神,对籍贯的概念较为淡化。因此,实行转型的创意城市可以仿效美国的"绿卡"政策,为非本地籍的创意人才给予"永久居留权"待遇。

二是加强和落实知识产权法的实施。创意产业实现市场化的基础是知识产权在创意产业链上的流动与交易,知识产权是创意产业的盈利之源,知识产权的形成、保护和积累的过程也是创意产业孕育、成长和财富倍增的过程。因此,加强和落实知识产权法的实施是构建创意城市发展创意产业的战略重点。

不过,由于我国无论是官方还是民间长期对知识产权的保护缺乏认识与理解,这就使得创意人才的创意构思难以转换成价值,也就直接导致创意产业难以形成人才的优势,发展也就谈不上。因此,落实知识产权法是创意城市实施战略转型最根本也最关键的举措。

三是完善各项福利和保险体制,提高创意城市市民的生活质量。创意人才之所以愿意在该城市定居,其中一个很关键的要素是该城市能为定居者提供较为完善的福利和保险待遇。毕竟,创意人才要在生活上有较为完善的福利保障,才有可能集中精力在工作中萌发更多更好的创意构思。因此,创意城市的市政府应该从宏观的层面提供更为健全的福利和保险体制,尤其是在公共服务领域尽早实现全市医疗和养老保险制度,在提高市民生活质量的同时,也为市民扩大在休闲、保健、娱乐等精神领域的消费比例,扩大创意产业的市场需求。

(二)推动多元文化的聚集与交流

文化是创意城市的核心资源,也是创意人员萌发创意的外部必要条件。因此,推动多元文化的聚集与交流是市政府在构建创意城市的过程中为培育良好创意环境最重要的手段之一。笔者认为,构建创意城市在文化建设方面应该着重从以下三个方面入手:

一是扩大文化的开放力度。讨论文化就不得不简单对文化的界定做一些说明。目前,对于文化一词的定义尚无统一的界定。美国文化人类学家 A.L. 克罗伯和 K.科拉克洪在 1952 年发表的《文化:一个概念定义的考评》中分析考察了 100 多种文化定义后,提出一个综合定义:"文化存在于各种内隐的和外显的模式之中,借助符号的运用得以学习与传播,并构成人类群体的特殊成就,这些成就包括他们制造物品的各种具体式样。文化的基本要素是传统(通过历史衍生和由选择得到的)思想观念和价值,其中尤以价值观最为重要。"克罗伯和科拉克洪的文化定义为现代西方许多学者所接受。笔者认为,讨论文化的问题实际上就是讨论价值观问题。虽然,人们对价值观的理解主要指意识形态上的价值取向。然而,从创意产业市场的角度看,绝大多数的文化创意产品一方面确实在宣扬该产品创意者意识形态方面的价值观;但另一方面,由于文化创意产品被当作商品进行市场交易,因此,文化创意产品的经济价值就得以突显。在此,可以清楚地理清关于扩大对文化的开放的基本逻辑关系:文化是创意城市也是创意产业的核心资源(人们常常将重庆与成都进行比较,笔者以为,重庆与成都的差异就在于文化上的欠缺,也就是一个城市的核心资源上的欠缺），文化这一资源能不断地丰富和扩大，前提就在于一个国家或一个地区对文化采取开放的政策，而不是仅仅将文化从意识形态的层面予以对待并有意无意地加以限制。一个城市的管理者应该认识到文化繁荣的前提就在于开放的文化市场、多元的文化聚集、丰富的文化交流，只有如此，创意人员才会在多种文化观念的碰撞之下产生更多的创意构思并促进创意产业的可持续性发展。

二是抱持宽容的自信心态。宽容，应该从两个层面来理解：一是主体对客体的基本态度，即允许客体的言论自由表达和价值判断；同时，主体还应该耐心而毫无偏见地容忍客体表达与主体所持有的观点或公认的观点不一致的意见。很显然，在一个社会里，尤其是有着几千年专制传统的国家难以做到上述所界定的宽容理念。考虑到现实的特殊性，即便国内许多主要城市不可能在所有领域都能够践行宽容的理念，但至少在涉及文化、艺术、历史、哲学、宗教等领域应该尽可能做到更宽容一些。宽容的本质是自信，一个人也好，一个社会也罢，如果你对自己的观点或理念非常自信的话，就完全没有理由害怕与自己观点不一致的意见。要知道，从事创意产业工作的人员其最大特征就是思维活跃，敢于挑战现存的一切模式或概念，且不愿意让既定的观念束缚思维。所以，各级政府在构建创意城市的过程中，应该努力扩大自身的包容心态，积极主动地营造宽松的氛围，为创意产业的发展营造百花齐放、百家争鸣的良好的人文环境。

三是创新教育体制。创意人才的引进只是权宜之计，真正能够满足创意城市对创意人才的需求的长远之计还是通过本市的各级教育机构为创意产业培养合格的创意型人才。因此，重视和发挥教育在构建创意城市中的长远作用，建立多层次的创造性教育体制是各地政府从根本上推动创意产业发展的必要举措。具体而言，各地政府至少在以下三个方面可以尝试对教育体制进行创新。

第一，制定终身教育体系。为适应后现代城市的转型，市政府应该加快建立成熟的终身教育体制，以各种形式的教育培训方式来满足市场对创意人才的需求。自20世纪90年代以来，许多发达国家逐步用制度和政策来落实终身教育的理念。终身教育正在由教育理念转化为教育发展战略、教育制度模式、教育结构体系和人才培养模式。

第二，改革大中小学人才培养模式。放弃以往仅仅通过考试成绩判断学生优异与否的做法，建立多、全、新的学业评定指数，通过综合评价学生多年以来的学习成绩、公益活动参与、创新思考能力、生活自理能力、理论与实践的结合能力和实际活动的实施能力等各项指数，来判断学生能力。

第三,实现政府、高校和社会的良性互动。通过制定相关法规鼓励政府、高校和企业在相关领域里进行深入合作。同时,鼓励中高级人才在政府部门、高校、科研院所和企业之间自由流动。这种人才自由流动的机制使得社会人才便于介入教育体系,高校也能够通过人才的互动而更加真切地了解社会,进而更好地服务社会。

(三)构建良性发展的创意循环体系

城市创意循环是全新的概念,也是推动工业城市向后现代城市转型行之有效的策略工具,还可以作为衡量创意城市的评估模型。该循环体系可以分为五个方面——创意构想的能力、实现创意构想的能力、创意产品的市场营销与流通能力、为创意产业提供的配套服务能力和创意活动的推广与评估的能力。

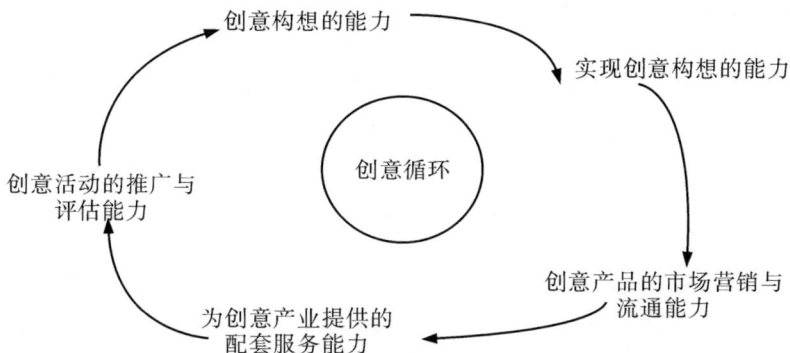

图 1　城市创意循环的五个阶段

第一阶段:创意构想的能力。这是该循环体系的起点阶段,体现一个城市激发创意构想的能力,这一能力可以从创意人员、企事业组织或其他相关人士所持有的专利、版权、商标和新近成立的创意型工作室或公司的数量以及城市内各产业领域的专家、学者的人数来进行评估。

第二阶段:实现创意构想的能力,指优秀的创意构思转化为可以实施和运作的具体产品的能力,对此能力进行判断的指标主要是企业在具体的实施过程中能否较为完美地将抽象的创意构想成功地转化为具象的创意产品的次数。

第三阶段:创意产品的市场营销能力,指创意城市在创意产品的市场营销方面的综合能力,包括创意产品的市场需求调研、市场推广策划、品牌形象传播、媒介策划、渠道设计、产品包装设计和物流配送的能力。对此能力进行判断的指标主要是创意城市拥有的创意产品品牌的数量及其在市场发展的时间长度。

第四阶段：为创意产业提供的配套服务能力，创意城市为创意工作室或机构提供较为低廉租金的办公场所或创意空间、风险资金的借贷和速度更快的网络基础服务等。其评估指标主要是租金低廉的创意空间的数量和专门为创意企业提供风投资金的数量。

第五阶段：创意活动的推广与评估能力，即创意城市为普及创意理念而主办的创意成果展示推广活动和创意产业协会对创意项目的评估能力。其评估可以从当地公民对创意产业（活动）的了解程度、参与程度等展开。

国内一二线以工业制造作为发展战略核心理念的城市，在城市发展的道路上通过近二十年的努力已经取得不俗的成绩。但是，城市的发展终归是为了提高和改善城市居民的生活质量和幸福感，而绝不是枯燥的缺乏人文关怀的 GDP 数据。因此，上述城市今后的发展思路应该是尽早启动从工业城市向后工业城市的战略转型，通过大力发展创意产业，实现城市的文化资本、货币资本、品牌资本、智力资本的共同升值，进而全面提高城市的综合竞争能力。

参考文献

[1]戴维·思罗斯.经济学与文化[M].北京:中国人民大学出版社,2011:17.

[2]詹姆斯·海尔布伦,查尔斯·M.格雷.艺术文化经济学[M].北京:中国人民大学出版社,2007:48.

[3]大卫·赫斯蒙德夫.文化产业[M].北京:中国人民大学出版社,2007:12.

[4]艾伦·J.斯科特.城市文化经济学[M].北京:中国人民大学出版社,2010:15-17.

[5]伊恩·查斯顿.知本营销——21世纪竞争之刃[M].北京:中国人民大学出版社,2007:16.

[6]弗里茨·马克卢普.美国的知识生产与分配[M].北京:中国人民大学出版社,2007:24.

[7]查尔斯·兰德利.创意城市——如何打造都市创意生活圈[M].北京:清华大学出版社,2009:15.

[8]约翰·霍金斯.创意生态——思考在这里是真正的职业[M].北京:北京联合出版公司,2011:17.

新媒体时代旅游商品的营销传播

杜 俊

（江苏鼎艺国际文化创意产业有限公司，南京，中国，210000）

—————— 摘 要 ——————

随着移动互联网对日常生活的深度渗透，传统的资讯传播和获取方式被彻底颠覆。与其他社会消费群体相比，旅游者对移动设备的依赖更甚，探讨旅游商品如何通过移动新媒体实现营销传播，促进旅游要素中的最弱环节——旅游购物与其他要素同步发展，成为困扰旅游商品经营者的主要问题。本文结合乐购江苏线上展销平台的构造，探索新媒体时代旅游商品利用移动新媒体实现营销传播的可能性。

关键词：新媒体；移动互联网；旅游商品；营销传播

引 言

随着中国经济爆发式增长和产业结构的不断调整，旅游业作为现代服务业，是国家政策大力扶持和推进的重要产业。就旅游业的六大要素"食、住、行、游、购、娱"来说，与国外发达国家相比，购物消费一直是我国旅游产业中最薄弱的环节，旅游商品收入在旅游总收入中占比较小。在旅游业发达国家和地区，旅游纪念品的销售收入一般要占旅游总收入的 30% 以上，有的甚至高达 50% 左右，而我国目前仅为 20%。

突飞猛进的信息技术革命正在以摧枯拉朽之势改变人们的生活方式，移动互联网的出现，以手机为核心的第五代新媒体革命的到来，正在引发市场营销领域的革命性变革。与其他社会消费群体相比，旅游者对移动设备的依赖更天然，探讨旅游商品如何通过移动新媒体实现营销传播，构建健全的旅游产业全产业链,既是我们旅游商品营销人面临的全新挑战,也是我们的使命。

一、以手机为核心的第五代新媒体传播特征

广义新媒体包括以下两种,第一种是上人桌面 PC 台机为硬件基础的互联网媒体(第四代媒体),第二种是以手机为代表的便携式上网设备为硬件基础的第五代媒体。本文主要探讨第二种形式的新媒体,其最显著的特征就是移动性和互动性。

(一)移动性

移动互联网(Mobile Internet 简称 MI),指互联网的技术、平台、商业模式和应用与移动通信技术结合并实践的活动的总称。它是通过智能移动终端,采用移动无线通信方式获取业务和提供服务的新兴业态,包括网络、终端、应用三个方面。

移动性是新媒体最核心的特质,它使我们跳出传统媒体的时空藩篱,在任何移动状态下都可以运用手机媒体自如地获取资讯,进行商务活动。这种移动特性使人们的媒体消费空间变得立体,呈现出无缝连接的趋势。对消费者来说,这意味着信息获取更加自由灵活;对企业来说,预示着可以全方位不间断地向消费者传播商品信息,整合营销的层次、渠道、方式变得更加丰富,经营空间被大大拓展。

(二)互动性

新媒体的互动性,指在信息接收者和信息传播者(包括机构和个人)之间搭建回流通路,"传输—回流—响应"是基本的互动模型。互动性是移动媒体与生俱来的特性,早期通过手机在个体与个体之间进行。如今手机用户的互动对象变得多元——不仅包括熟悉的朋友,也包括陌生人,还包括移动媒体信息平台的运营主体。这种互动,区别于传统的单向传播,即由 propaganda(宣传模式)向 involvement(卷入度)改变。

新媒体时代这种互动性,要求企业营销者和信息传播者应该清醒地认识到,消费者已经是商品全方位的积极参与者,不再仅是被动的传播受众。当营销传播者仍在试图弄明白自己的营销计划时,消费者已主动利用新媒体渠道去比较、评判,有时甚至直接向营销传播者及服务背后的传播雇主发起责难。

新媒体给予消费者更多的自主权,终端设备的移动性意味着消费者可以在任何地方参与互动。

(三)移动媒体与旅游的关系

新媒体应用,或者说智能终端应用特别符合旅游业特点。旅游是"在路上"的体验,传统的上网方式无法解决游客在旅游过程中查找旅游及旅游商品信息,参与在线互动的需求,移动互联网终端的出现解决了这一问题。尤其是近年来兴起的 LBS,即基于位置的服务(Location Based Service),天生就适合旅游行业。当然,纯粹定位没有意义,一般定位服务都与电子地图相结合,利用电子地图的地理位置信息衍生出相关技术和基于该理念的旅游营销方面的手机应用。

二、新媒体对旅游商品营销传播的影响

移动互联时代到来,手机成为个人生活的中心,为旅游商品经营者创造一个前所未有的平台,其可以通过各渠道获取的旅游者的数据整合分析,实现精准的定向传播。

(一)基于大数据和云计算带来的精准定向传播

传统的企业营销传播主要依靠电视、广播和报纸等媒体,是单向的面向非特定用户的广泛传播,传播方式单调,传播费用高,传播效果难以准确评价。随着以互联网络和移动通信为主要载体的新媒体的快速发展,新媒体在企业营销传播方面的优势已经凸显。基于大数据和云计算技术,消费者的个人特征(如年龄、性别、喜好、消费习惯、购买力等)变得清晰,容易识别。受众精准、双向传播、口碑效应、效果可以准确评价等特点使新媒体传播成为企业营销传播的主要途径。

(二)LBS 带来的影响

LBS 未来可以整合地图上的商家、优惠券等周边资源以及点评、搜索、SNS 等功能,促使企业营销发生巨大变革。LBS 虽刚开始,不过其独特的魅力已经波及整个移动互联领域,结合手机、地址、广告、消费、店家、信息是一个富有挑战的命题。旅游商品经营企业应重视旅游者的两个 LBS 常用功能:一是基于定位的旅游搜索,消费者较常使用的是基于地理位置的周边搜索,目前

主流的旅游工具应用都拥有查找身边的景区、酒店功能;二是基于位置的商家促销。商家和智能手机用户最简单的互动方式,当携带智能手机的游客走近商家时,可以获取这个商家的促销信息,游客可以通过手机签到,主动参与商家发布的相关促销活动。

(三)新媒体传播需要整合营销传播

新媒体有呈现形式多样与互动交流的特点,可以提供更立体、多样思路的特点,与此同时,传播主体也无限增多,传播门槛在降低,传播内容更加海量化,导致消费者注意力高度分散,反而不利于受众有效便捷地接收有用信息。再加上消费者需求的复杂化,消费者选择主导性增强,营销传播过程风险也在增大。就传播内容而言,传播基于用户生成的内容(UGC),除了碎片化外,其系统性、连贯性和专业性明显先天不足,谈不上影响力,反而消解影响力。其营销传播,非常强调影响(influence)。因此,新媒体营销传播需要进行内容整合传播。但是,其整合并非把一堆碎片拼合成一个整体,而是围绕诉求目标,将传播内容通过新媒体的各种通路,整合成传播信息流,打造完整的品牌形象。

(四)旅游商品通过新媒体传播的意义

媒体传播面向的受众广,可以增加旅游商品买卖的"透明度",对丰富消费者对于旅游商品的知识,构建诚信旅游购物环境等都有积极意义,因此旅游商品的营销推广可以先从新媒体传播入手。旅游商品可以借助政府、景区景点的移动网络平台,也可以通过旅游商品经营服务商,构建平台,丰富旅游商品的信息,实现旅游商品信息的整合传播。

三、新媒体经典传播案例简析

在新媒体背景下,利用新媒体进行营销传播的成功案例层出不穷,我们来看最新的几个案例。

(一)"小苹果"传播案例

近几个月以来风靡大江南北的神曲《小苹果》提供了一个绝佳的新媒体传播案例。其背后推手基于近年被冠以"神曲"传播规律,定位精准,利用恶搞、穿越、韩流、反串、童话神话等元素作为病毒式传播引爆点,为人们提供了轻松、搞怪、欢乐且人人都能参与的情境，契合人们娱乐和社交互动的需求，迅速引领全民狂欢风潮。

（二）"冰桶挑战"传播案例

这是 2014 年盛行于国内外社交媒体（脸书、推特、微博等）上的公益传播活动。其在极短的时间之内，使得四面八方英豪尽成落汤鸡，从比尔·盖茨、扎克伯格、梅西、小贝、科比、C 罗、内马尔到国内的雷军、刘德华、李彦宏、王力宏。全称为"ALS 冰桶挑战赛"（ALS Ice Bucket Challenge），要求参与者在网络上发布自己被冰水浇遍全身的视频内容，然后该参与者便可以要求其他三个朋友来参与这一活动。活动规定，被邀请者要么在 24 小时内接受挑战，要么就选择为对抗"肌肉萎缩性侧索硬化症"捐出 100 美元。作为完全零费用，在极短时间内引爆全球关注的活动，"冰桶挑战"本质上就是经典的病毒式营销传播实战案例。研究者认为，这次活动规则起重大作用，这些规则利用新媒体互动性强、传播便捷性强的特点才得以快速、有效地传播。

（三）"天才小熊猫"传播案例

天才小熊猫是近一两年微博上迅速蹿红的草根微博账号，专门以搞笑内容进行职业营销策划传播。其发布的每一篇长微博内容，均隐含客户的产品诉求，但区别于常规广告软文，天才小熊猫的微博不但不引发粉丝抵触情绪，反而深受拥趸，几乎每篇新作甫一推出，即可以在一天之内转发上万甚至数十万。按新浪微博的阅读与转发的倍数估计，传播阅读量可达百万到上千万级。其作品内容以笑点密集、质量高而著称，尤其结合当前粉丝关注热点比较紧密，这也增强了与粉丝的互动效果，粉丝们从谴骂其为"广告狗"转向主动寻找和还原广告诉求信息。

（四）罗永浩和锤子手机

作为 2014 年上半年发布的手机，锤子手机收到的反响最热烈，也吸引了最多的目光。不管锤子手机能走多远，罗永浩的营销传播力量让诸多职业营销经理人黯然失色。罗氏营销传播主要是围绕罗永浩微博、锤子科技微博、锤子科技营销账号这三个微博认证账号形成的矩阵进行。这三个账号中，罗永浩的微博成为锤子手机营销的主阵地。老罗的营销战场几乎只有微博，但是效果出奇的好，影响的范围亦相当的大。这一切都表明罗永浩对信息传播规律十分了解并能出色运用,罗永浩的营销有清晰而长远的规划。首先网络上的信息是碎片化的,产生快,消失更快。基于这一点,罗永浩在微博上总能适时点爆舆论热情,维持话题热度。早在锤子手机发布之前,罗永浩就开始在微博上铺路,为营销造势,不仅在微博上频频放出惊人论点,还通过微博投放各种各样引发猜测的调查问卷,不但吸引大量关注,还使得网络上始终存在关于锤子的争论声,借此锤子手机一直保持较高的关注。另外,凭借老罗在文艺界、科技界的好人缘,老罗的朋友们,一众大 V 在锤子手机发布后在微博上声援力挺。相对于广告的狂轰滥炸,名人推荐不仅为产品镀金,宣传效率更高且效果更好。

综观以上案例,成功的共通特点在于充分利用新媒体时代的资源,尤其是对社交化媒体互动资源的充分挖掘。

四、目前旅游商品营销传播困局

旅游商品指由旅游活动引起的旅游者出于商业目的以外而购买的,以旅游纪念品为核心的有形商品。旅游商品经济是制约旅游经济发展的重要因素,但目前学术界对旅游商品的研究多集中在设计开发与生产环节,对旅游商品的营销尤其是营销传播方面的关注不够。

传统的旅游商品营销传播不到位,缺乏专业知识,旅游商品经济一直是旅游经济发展中的短板。按说移动互联网平台应该成为旅游商品营销最重要的阵地,前文已经论及旅游消费者更依赖移动互联网,但目前所有的旅游网络运营平台,旅游商品信息严重不足,遑论营销传播。相对于旅游产业的其他要素,旅游产品本身也存在先天不足。

旅游商品购买一般都是随机的,很少有人会在网上购买没去过的旅游景区的旅游商品。游客也不会为了买当地特产而先上网搜集资料作为计划性购物的参考。因为旅游者的目的并不是购买当地的特产、纪念品,而是"玩"。旅游购物带着强烈的随机性,游客绝不会在尚未到旅游地之前就预先在网上进行购买。因此,通过网络实现旅游商品的 B2C 直接售卖并不现实,网络最大的作用在于帮助传播当地的旅游产品。

总的来说,以手机为核心的第五代新媒体为旅游营销传播方式提供了广阔的发展空间。企业应主动适应网络科技带来的冲击,消费者在哪里活跃,哪里就应该是企业品牌传播、营销的主战场。新媒体传播面向的受众更加广泛,通过传播活动增加旅游商品信息的"透明度",对构建诚信旅游购物环境有积极意义。基于这些原因,企业也应该利用新媒体参与用户交流,采集来自用户的反馈信息。

五、新媒体时代的营销传播实践路径: 乐购江苏的线上展销平台

作为国内知名的旅游商品创意研发与品牌规划服务商,鼎艺国际一直专注于旅游商品的产品研发、资源整合与营销推广,致力于推动江苏省旅游商品全产业链发展。

江苏旅游商品市场,就现状来看,以实体店零售为主,主要分布在各个景点(区)和市中心的卖场,各区、县另有零星分布,缺乏产业集群效应,更缺乏线上 B2B 电子商务平台。在新媒体背景下,亟须建立基于集群发展思想和整合策略的整体展销平台来改善整个江苏旅游商品的整体品牌形象。随着网购市场的发展和网上诚信机制的建立与完善,电子商务也形成巨大的规模,这为旅游商品经济探索网络展销平台提供了现实基础。乐购江苏正是在此背景下构建的全新的网上旅游商品营销传播平台,这个平台包括一系列子系媒介,包括江苏旅游商品网(www.jstw.org)、第一购商城(www.第一购.com)、微信、微信公众账号及微博账号。

(一)作为资讯平台

江苏旅游商品网是一个资讯平台,汇集了最全面、最丰富、最优质的旅游商品资源,专注旅游商品行业的营销与推广。除了汇集全江苏省 13 个市多样丰富的旅游商品资源之外,江苏旅游商品网也及时发布和更新全国范围旅游商品产业的信息,是目前国内领先的旅游商品行业权威网站。为强调旅游者用户体验,便于商品检索,网站分别设置有不同的信息查询路径,既可以按旅游商品类型分类查找商品,也可以根据 13 市分类查询详细的企业和商品信息。网站拥有功能完备的产品数据库系统、商品查询系统、产品发布系统、形象展示系统、咨询服务系统,向海内外展示江苏旅游形象和资源的同时,也为企业展示实力、开拓市场搭建公共网络服务平台。这个平台同时开发出面向旅游者的移动端界面,改善新媒体用户的浏览体验。未来将进一步开发互动交流功能模块,集成移动端用户的数据信息,形成旅游商品消费者的数据库。

（二）作为电子商务平台

作为电子商务平台，鼎艺国际开设了第一购商城，旨在打造安全、快捷、权威的旅游商品网上 B2B 平台，实现旅游商品网上交易，在线支付，城市物流配送，逐步建成全面覆盖旅游六要素的现代旅游电子商务平台。平台将各种富有特色的产品和服务由实体销售迁移到电子商务平台上，扩大了交易渠道，为江苏旅游商品企业拓展市场开辟广阔空间。目前这个电子商务平台也将紧跟移动支付技术提高，开发移动端在线交易和支付功能。

（三）作为综合服务平台

鼎艺国际依托线下旅游商品研发基地、江苏旅游商品展示交易中心及采购供应链平台，通过构建一系列新媒体网络平台，全面拓展旅游产业功能，推动江苏旅游商品积极参与国际国内旅游商品交流，为实现江苏旅游商品的传播，实现江苏旅游商品线上线下展示交易，做到实体展示与线上交易无缝对接做出巨大努力和贡献。同时通过不断与移动端的相关应用进行对接，开发相关功能，使网络平台成为江苏旅游商品信息采集和调查的综合信息服务平台，为江苏旅游商品发展与提高提供战略支持。

（四）微信、微博等社交平台传播与推广

鼎艺系列微信公共账号、微博账号通过每天实时更新和推送，与以上网络平台联动，第一时间发布国内外最新旅游商品设计研发、流行趋势等信息，积极与听众或粉丝展开交流互动，扩大影响力，实现旅游商品市场开发、生产、销售与旅游购物者深度对接，实现产业链价值的可持续发展。

当移动终端设备逐步成为人类大脑外设的时代，新媒体的传播效应将更加凸显，旅游商品的营销传播将更加依赖移动互联。探讨旅游商品在新媒体时代变革营销传播的可能性和必然性，结合实践性摸索，才能解决传统营销传播方式存在的问题，应吸引更多的行业人士进行深度研究，推动旅游商品经济的整体发展。

参考文献

[1]陈涛等.智慧旅游——物联网背景下的现代旅游业发展之道[M].北京:电子工业出版社,2012:11.

[2]方百寿等.旅游商品与购物管理[M].北京:旅游教育出版社,2011:15.

［3］黄河.手机媒体商业模式研究［M］.北京:中国传媒大学出版社,2011:17.

［4］肯特·沃泰姆等.奥美的数字营销观点［M］.杨吉,译.北京:中信出版社,2009:15.

［5］李志飞.旅游购买行为［M］.武汉:华中科技大学出版社,2009:17.

［6］刘德寰等.手机人的族群与趋势［M］.北京:机械工业出版社,2012:25.

［7］唐兴通.社会化媒体营销大趋势——策略与方法［M］.北京:清华大学出版社,2011:27.

［8］吴健.电商时代的新营销思维［J］.中国储运.2014(5):98.

［9］姚志国等.智慧旅游——旅游信息化大趋势［M］.北京:旅游教育出版社,2013:18.

微信公众平台软文广告分析

曾兰平　商倩

（武汉体育学院新闻传播学院，武汉，中国，430079）

——— 摘　要 ———

　　随着科技的发展互联网技术的成熟，以微信、微博为代表的新兴社交媒体改变人们的生活。在新媒体的浪潮下，广告的传播方式进行了大洗牌，软文广告备受青睐。本文将以微信公众平台为例，分析软文广告如何为品牌树立形象并促进消费。

关键词：微信公众平台；软文广告；新媒体品牌

　　近年来，智能手机迅速发展，3G、4G 网络全面推广，无线 WIFI 在城市里大面积覆盖，互联网的迅速崛起改变了信息传播的方式和速度。互联网的进步为社交工具的兴起提供了技术上的支持，人们的消费方式也逐渐互联网化。

　　腾讯公布的《2015 年微信用户数据报告》说："微信已经覆盖 90％以上的智能手机用户，截至 2015 年第一季度，每月活跃用户达到 5.49 亿，覆盖 200 多个国家、超过 20 种语言。此外，微信的公众账号总数已经超过 800 万个，微信支付用户也达到 4 亿左右，直接带动的生活消费总额达到 110 亿元。"[1] 由此可以明确看出，微信显然已经不再仅是社交软件，而成为人们生活中不可或缺的日常工具。消费方式的改变导致广告传播方式的变化，时下，微信正当大热，可开发的空间大，对于广告行业来说，是传播的沃土。微信广告形式多样，在此，笔者只选取微信公众平台的软文广告进行分析。

一、软文广告与微信公众平台软文广告

　　何为软文？不同学者对此有不同见解，因而目前学界与业界对于软文

广告没有统一的界定。微信软文广告则是软文广告在新媒体背景下的进步和发展。

（一）软文与软文广告

"有学者认为，凡未涉及重大政治、军事、社会事件的新闻，一律称为软新闻，也就是平常所说的软文。还有学者认为，软文就是企业通过策划，在报纸、杂志或网络媒体上刊登的可以提升企业品牌形象和知名度、促进企业营销的一系列宣传性、阐述性文章，包括特定的新闻报道、深度文章、付费短文广告、案例分析等。"[2]广告界所指的软文，通常都是相对于硬广告来说的软性广告，但软文广告不等同于软广告。在广告实践中，"软广告"是对"有偿新闻"和"广告新闻"等不规范新闻的形象称呼，它将广告变为新闻，对消费者是误导，"软文广告"的重点是在增加广告内容的观赏性，对消费者是引导。

根据以上分析，可以概括出软文广告的几个特点：首先，它具有一定的隐蔽性，传播于无形；其次，通常由有需求的企业、广告公司的市场策划或文案人员来撰写；最后，传统意义的软文广告一般以新闻稿的形式，用文字表达企业形象，宣传产品来促进销售，其传播媒介一般是报纸或杂志。

由此，将传统意义上的软文广告总结为"按照版面或字数付费，以新闻报道的口吻和主要以文字的形式在媒体（主要是平面媒体、比如报纸、杂志）发布的、传播其产品、品牌、活动或企业形象的、广告特征不明显的广告"[3]。

（二）微信公众平台软文广告

微信公众平台软文广告，指在微信公共平台上进行传播的软文广告，其传播平台包含微信公共平台的服务号、订阅号和企业号。因传播媒介的改变，微信公众平台的软文广告特点也有了新变化，这也是新媒体软文广告变化的一个缩影。首先，从广告购买方式上看，微信公共平台软文广告不需要再向媒介付费购买版面，可独立自主、免费地在微信平台上为企业申请公众号；其次，从广告表现形式看，微信软文广告的内容表现也更加丰富多元，由文字、声音、图片、视频等多种媒体形式组成，不受报纸、杂志等传统媒体版面、篇幅、时间和地点的限制，时效性更强；最后，在内容撰写和题材选择上，微信软文广告十分灵活，可根据受众的需求，进行多次修改、提炼，精准地传达给目标受众。

微信公众平台的软文广告打破传统媒体点对面的传播方式，采用点对点传播，信息量大、速度快，渗透性、互动性更强，针对性更突出，注重用户的体验。与此同时,分享性和趣味性也是其突出特点,微信软文广告在公共平台发布之后,微信个人用户可以随时随地进行接收,分享到朋友圈或用内容链接的形式发送到微信群。

微信公众平台软文广告在近年兴起,给用户带来视觉和触觉的全新体验。因其高"性价比",受到用户和商家的双重青睐,星巴克、途牛旅游、RIO 鸡尾酒等品牌就是利用微信软文进行广告传播的佼佼者。

二、微信公共平台软文广告的分类

按照广告内容来分,可以将微信公众平台的软文广告分为产品类、内容类和公益类。但各类型的软文广告并不完全独立隔离,实践中,微信平台的软文广告界限通常并不十分清晰,尤其是产品类和企业形象类,在同一篇软文广告中,既介绍产品功能又宣传企业形象的情况比比皆是。

(一)产品类

产品类软文主要通过通俗易懂的语言、图文并茂的形式来宣传商品自身功能。此类软文广告在科技产品、通信、汽车、家电、医疗保健等行业应用广泛,因为这些行业产品或服务本身的说明中含有大量专业生涩的词汇,必须通过通俗易懂的语言和详细的文字说明让受众领悟其强大功能和品牌理念。如电子产品的"翻新机""数字高清",医疗保健领域的"假性近视""亚健康"等概念性的说法。三星在其微信公众号上推出的《关于三星 S6,你所不知道的》软文广告,利用图文并茂的方式向受众普及新一代三星手机的功能,改善用户体验,激发兴趣,从而促发消费行为。文案用生活化的语言解释冰冷的科技词汇,说明新产品外观设计上的"反射镜面""双曲面显示屏"以及"虚拟拍摄"等新功能,简单明了。

(二)企业形象类

企业形象类软文广告针对目标受众对企业的品牌形象进行宣传与升华,以改进用户的黏性。企业形象及理念、社会责任和企业实力,通过与消费者的深层展示交流来增强企业的知名度和美誉度,使消费者对其产生好感与信任。海南航空在其微信公众平台上推送的软文广告多为企业形象类,如《请点赞!海航新引进 30 架播音 787 梦想客机》《为金牌点赞!海航搭载国家乒乓球队载誉而归》《海航关爱行,百元代金券为孝心点赞》等。第一则《海航引进 30 架新飞机》和第二则《海航搭载国家乒乓队载誉而归》的广告软文意在宣传企业实力,用优质的服务来吸引更多的受众。第三则广告展示海航企业理念、社会责任,意在增加海航的知名度和品牌美誉度。

(三)公益类

公益类软文广告不以盈利为目的。根据发布者身份不同可以分为三类:第一类是由媒体直接制作并发布完成的带有公益性质的广告,如中央电视台2015年世界水日前夕在央视公益传播微信平台上推出的《穿过大半个中国去救你之水滴版》,意在呼吁人们爱护水资源;第二类是由社会专门的公益组织或机构发起,如2015年世界自闭症日,壹基金在其微信平台上发布的公益广告《人人都是笨小孩》的主题文案,呼吁社会关注自闭症儿童及其家庭,接纳、理解、包容自闭症孩子;第三类是由企业制作完成并发布的公益广告,如2015年母亲节前夕,可口可乐在其微信平台上推送的公益软文广告《赞美母亲,不只因为她是母亲》,承诺到2020年,帮助全球500万女性克服发展障碍,帮助她们提高经济收入,改善生活品质,并和她们一起创造更大社会价值。按内容选题还可以分为政治题材类、节日类、社会文明类、健康类和社会焦点类。

三、微信公共平台软文广告不同情感诉求的表达风格

不同品牌,不同产品所面对的受众不同,塑造的企业形象自然也不同,因此微信公共平台上进行推广的软文广告风格也大相径庭。精准传播,是微信公共平台上广告传播的一大特点,目标更加明确,针对性更强,因而广告效果也更好。

(一)小清新型

小清新类型的表达风格深受80、90后年轻一族喜欢,常见于产品类广告文案。青睐此类风格的消费者一般具有一定的文艺情怀,对待人和物有自己独到的见解,有一定的文化水平,乐于接受新鲜事物,敢于尝试。此类软文广告在食品、饮料、服装等目标为年轻消费群体的品牌中运用广泛。语言风格清新脱俗;轻柔但画面感十足,多使用排比、顶针等诗歌写作技巧。

星巴克的这一类广告表现一直不错。从2012年微信初始时的《魔力点亮星愿望》到2014年的《花样美味,舌尖绽放》,再到2015年的《你的爱情从哪一

杯开始》，都受到受众的追捧。2015 年的《你的爱情从哪一杯开始》里说："还记得你和 TA 的相遇吗？也许碰巧点了同一杯咖啡，一见钟情开始的情缘；也许是永远坐在同一个位置，细水长流衍生出的爱恋；也许是对的人还没出现，依旧在寻寻觅觅……辣摩卡：一见钟情派，也许是一个不经意的眼神，也许是一个恰到好处的微笑。一见钟情的感觉，如同第一次喝辣意椒香摩卡时，那份独特的微辣混着摩卡的香甜，直接心扉。"标准的星巴克式文案语言，柔美脱俗，风格清新，画面感极强。文案开门见山，勾起人们对于恋爱美好回忆，拉近与消费者情感上的距离；而后对于新品咖啡味道清新、细腻的刻画进一步激发受众的消费欲望。这一类型文案很受年轻消费者的喜爱，柔美清新的语言把产品特征表现得淋漓尽致。

此类软文广告，运用不当，便与产品风格不符，易让人产生不自然、矫揉造作之疑。如美特斯邦威的《都市新贵【包小姐】谁敢比它还能装》微信推送，虽然文案语言依旧小清新，文案特色鲜明，但却是不折不扣的标题党。"包小姐"与主打年轻人市场的产品文化似乎背道而驰。

（二）高雅型

高雅型的软文广告一般在高端房地产、旅游、文化创意等领域出现较多，多用于宣传企业形象或产品功能。其目标受众是有一定阅历的成功人士，对待生活品质有一定的追求，或者是有精神追求的人，此类受众普遍接受过良好的教育，阅历丰富，思维开阔，有文学艺术鉴赏能力。中国嘉德拍卖在其微信上推送的软文广告《春拍回眸——大观之夜近现代书画经典回顾》、竹叶青茶推送的《茶趣——司马光与苏轼间的"茶墨之辩"》和五粮液推送的《非物质文化遗产日：只有酒和他，能把时间留下》均是此类软文广告。

2015《非物质文化遗产日：只有酒和他，能把时间留下》中说："人们总是感叹时光易逝，确实，唯有时间丝毫不眷恋世上的一切，自顾前行。课上，当时间遇见它们的时候，却放慢了脚步，渐渐被凝固在这里……比如美酒，将时间化作玉液琼浆，再比如那些和酿酒技艺一样被称为'中国非物质文化遗产的事物：昆曲、刺绣、皮影戏'……那些依赖人口心授的文化艺术都让时间留步、令人着迷……"文案将时间化为玉液琼浆，列举和酿酒工艺同样拥有深厚历史的昆曲、刺绣等非物质文化遗产，彰显酒文化历史韵味。若没有高雅的情操和艺术鉴赏能力很难理解昆曲、古琴、刺绣等艺术的魅力，更不能将这些细节和酒文化进行联系起来，自然也体会不到五粮液的文化。

软文深挖中国传统文化的精髓，言语间透露文化魅力，文字风格与品牌调性高度匹配。然而，因在精神上的过高追求也易导致受众窄化，文字风格稍显死板也是其不足之处。中国嘉德的广告《春拍回眸——大观之夜近现代书画经典回顾》，文案中大量对作品背景进行与上文模式类似的平铺叙述，虽然明了易懂，整篇如此，语言反而显得死板，诉求变得苍白无力。

（三）可爱型

"小鲜肉""萌萌哒"成为时下年轻人运用的热门词汇，"可爱"一词已经不局限于形容小朋友。90后、00后逐渐成为食品、服装、电子用品消费的大军，企业的文案策划人员也不得不转变风格，迎接新新人类的到来。可爱型写作风格的广告文案在产品功能和公益类软文中广泛的应用。七度空间、RIO鸡尾酒、蒙牛酸酸乳、美特斯邦威等企业在微信平台上投放的可爱型软文广告别具一格，十分具有代表性。如《有蓝胖子多啦A梦，儿童节每天都过》《吃货修炼手册——从今天成为潮货界最有腔调的人》和《时尚公主病，哎哟不错哦》，文案风格活泼，轻松搞怪，不拘泥于形式主义，大胆开发，符合年轻人求新求变的风格。

《吃货修炼手册——从今天成为潮货界最有腔调的人》中说："一千个吃货有一千种调制RIO的方法——兑薄荷，混水果，拌鲜奶……当酷暑的高温撩起莫名的无精打采和心烦意乱，跟小锐一起做杯凉凉哒RIO，冰冰你烫烫的心"。将人物塑造为追求潮流的吃货，营造了梦幻的氛围，凉凉哒、冰冰、烫烫等形容词高频率的出现烘托可爱的氛围。

针对受众低龄化的趋势，许多品牌为了迎合受众需求，在微信软文广告文案中大量使用网络语言，使用不当会略显浮躁，影响品牌长远持久的发展。"粉色系'甜甜的'想让人咬一口，像'麦芽糖'一样让你欲罢不能，和杰伦小公举'同一种调调'那感觉是心都醉了，粉色系搭配黑白色不会错，想试其他颜色？艺高才能胆大"，文案中的"小公举"为小公主的网络意译，"公主病"用作一种贬义，而在此文案中试图赋予褒义，给予可爱、天真的新定义。如此长久持续下去并不"可爱"，企业引导的品牌文化也一定会引起争议，品牌长久发展存在一定风险。

（四）粗俗型

微信大热的当下，微信软文广告竞争激烈，为了博得眼球，引起关注，商家经常铤而走险，使用粗俗型表达方式。粗俗型软文的界定十分不好拿捏，经常游走于社会规范和道德的边缘，极易带给人们视觉和听觉的双重污染。如武汉某整形医院在其微信平台发布的软文广告《小三与老婆想做微整形，看老公是怎么说的》《没有外在美，谁有空去了解你的内在美》，成都某妇科医院推送的广告《为什么男人总是喜欢胸大的？不看你会后悔死》，此类微信公众平台软文广告包含扭曲的价值观，易于造成不良的社会影响。

此类文案中的文字大肆宣扬"女为悦己者容""拜金主义""享乐主义"等观点，"小三""出轨""性爱"等词汇频现，违背伦理道德，思想低俗，价值观、人生观、爱情观扭曲，助长粗俗风气，对于年轻一代人的成长造成不良影响。此类文案得不到遏制，任由发展，一定会给微信软文广告带来致命打击。

四、微信公共平台软文广告的效果和影响

（一）微信公共平台软文广告营造了广告传播的新模式

微信软文广告开启新媒体时代广告传播的新模式。广告主毋须再向媒介付费购买广告版面，其对软文广告的主动权变大了，什么时候发布、发布什么样的内容、广告发布的频率如何，完全由广告主独立自主掌握。对广告行业来说，这体现了品牌传播方式的全新变革，通过微信公众平台传播的软文广告表达更细微，经过语言的艺术化，真正达到"润物细无声"的效果，品牌建设变得更加纯粹，大量的商业化信息得以淡化。

微信软文广告的最大优势是实现精准传播，最大限度改善广告效果，使品牌定位更明确。商家与受众间的交流和互动增强，品牌形象在短时间内得到快速、明确树立，品牌理念得以迅速传播，因而企业对于微信软文广告青睐有加。受众将优秀的微信软文广告分享到朋友圈，与好友进行讨论，无疑再次扩大了传播的范围，同时进行口碑营销。此外，精准的传播模式也为广告主省下昂贵的广告费用，留住利润。

（二）微信公共平台广告软文让抄袭更疯狂

微信公共平台的软文广告是新生事物，必然快速发展并受到人们极大的关注。新生事物在展示优点的同时，其弊端也在不断暴露，许多企业在利用微信平台进行营销时表现还不成熟，一直处于初步探索阶段，导致目前出现的软文广告质量参差不齐，大多流于形式和标题，忽视内容。文案东拼西凑，缺乏原创性和独特性，同质现象十分严重。微信点对点的窄众传播方式，使得微信软文广告创意的保护更加艰难，微信平台上的抄袭变得肆无忌惮，法律和职业道德的约束形同虚设。

微信软文广告是软文广告在新时代背景下的进步,它随着新媒体的迅速发展成长,其传播效果有目共睹。品牌建立微信号,利用软文广告的形式迅速与受众拉近关系,品牌理念也得到精准传播。微信软文广告的新、奇、特也满足不同的受众需求。摒弃"洗脑式"的广告风格,品牌影响力在潜移默化中得到扩大,品牌口碑与效益双丰收。

诚然,软文广告不断进步也向广告从业者提出更高的要求,面对互联网的海量信息、激烈竞争,文字的个性和创意显得尤为重要,东拼西凑的时代已经一去不复返。能否快速反应,抓住热点话题撰写出符合品牌风格的软文广告,制造营销热点,考验着广告人的综合能力。与此同时,在互联网和文化创意行业法律都不健全的前提下,创作正能量广告,摒弃恶俗传播、创意剽窃等不道德行为,对广告从业者的职业道德操守也是考验。微信公共平台软文广告的健康发展还需行业从业者、行业监管者、企业和受众公共努力参与。

参考文献

[1]腾讯发布 2015 微信用户数据报[EB/OL].(2015-06-01)[2015-06-13].http://news.zol.com.cn/523/5237369.html

[2]徐茂权.软文营销[M].北京:中国工信出版集团,2015:10—11.

[3]吕尚彬.广告文案教程[M].北京:北京大学出版社,2007:238.

大数据中各省份"涉毒"形象研究

黄合水　翁天羽

（厦门大学新闻传播学院,厦门,中国,361005）

―――――――――― 摘　要 ――――――――――

　　本研究对 2014 年我国七大网站中所有网络新闻的标题进行分析,探索我国各省份的"涉毒"形象。研究发现,(1)澳门和香港是我国"涉毒"程度最深的省级行政区域,"涉毒"程度远远高于其他省份。(2)西藏是我国"涉毒"最轻的省份,天津和辽宁亦"涉毒"较轻。(3)澳门和黑龙江分别为全国"瘾毒"问题最严重和最轻的省份,云南和澳门分别为全国"死毒"问题最严重和最轻的省份。

关键词：省份形象；涉毒；网络新闻

一、研究问题

　　一个省的省份形象不仅是该省软实力的体现,也是影响该省生存、竞争和发展的重要因素。如果一个省份形象不好,该省份不仅会遇见资金转移和人才流失等问题,在政治地位、技术和人才引进、旅游发展等方面亦会遇见显著制约。因此,一个省份的负面形象值得执政者高度重视,只有了解省份的负面形象,执政者才能"对症下药",改善省份形象。

　　省份传播形象是媒体世界中省份形象的客观展现,一定程度上能够反映和影响省份形象。省份传播形象接近于受众心目中的省份形象,在塑造受众对某个省份的主观认知中发挥重要作用。因此,通过研究某一省份的传播形象,能够了解受众心目中该省份的形象。

　　一般来说,"毒"会使人产生负面联想。"毒"可以指毒品、毒药、毒物,或者指病毒、尿毒、毒瘤、"狠毒"、"毒手",无论哪种"毒",当一个省份如果经由媒体报道,频频与"毒"联系在一起,人们对该省份"毒"的印象就会慢慢形成,因

"毒"带来的不安全感逐渐加强,该省份的负面形象亦逐步形成。

如果新闻当中常常用"毒"字来描述该省份,说明该省份"涉毒"较深,需要去"毒"或排"毒"。然而,在去"毒"之前,首先要回答的问题是谁"涉毒"较深,"涉毒"的深浅程度如何? 本次研究将就"涉毒"这一主题,通过对七大网站新闻标题的采集和分析,探讨我国各省份"涉毒"深浅,为各省份的形象建设提供参考依据。

二、文献综述

(一)省份形象和省份传播形象

多数学者在研究地区形象时采用"区域形象"的概念,其中区域包括国家、产业集群地、省域、城市等多个地理空间。国内外学者通常从三个层次定义区域形象——实体形象、传播形象以及感知形象。(1)实体形象。有部分学者认为"区域实体形象"指"区域所有资源真实状况的表现,直接体现区域属性及资源竞争力,是客观存在的"。(2)传播形象。"区域传播形象"指"媒体世界中呈现出的区域状况,是文字、数据、影像、图表等信息符号的总体缩影"。孙江华和严威将"区域传播形象"定义为"传媒世界中某一区域呈现出的客观形象"。它不同于区域形象本身,也不是公众对区域形象的评价,而是区域形象的外化方式。(3)感知形象。国内多数学者从认知心理学角度出发,认为"区域形象"是一种心智产品,指"区域的特征在区域内外公众心目中的总体印象和综合评价"。

本文认为"省份形象"即"省级行政区域的特征在其内外公众心目中的总体印象和综合评价","省份传播形象"是"传媒世界中某一省级行政区域呈现出的客观形象"。

(二)省份"涉毒"形象

汉语言中关于毒的使用,大概有以下四种情形:第一种是使人形成瘾癖的"毒"(品),简称"瘾毒";第二种是可能使人致死的"毒"(药、物),简称"死毒";第三种是使人致病的"毒",简称"病毒";第四种,是用作形容或借喻的"毒",如手机病毒、毒打,简称"喻毒"。

因此,一个省份"涉毒"形象指媒体世界中,该省份呈现出"毒"的客观形象,包含"瘾毒""死毒""病毒"和"喻毒"四方面形象。

（三）省级传播形象的测量

目前关于省份传播形象的测量主要采用内容分析法，通过对电视、报纸以及网络中关于某个省份的报道进行抽样和分析，从民生、经济、法制、文化、环境、科技、历史、城市建设等方面构建省份传播形象评价模型。但是，这一研究方法有待完善：（1）已有研究侧重于某个省份的传播形象中多个指标测量，缺乏全国各省传播形象的比较，在判断某个省份传播形象好坏时没有参照标准。（2）已有的研究倾向于各省份传播形象中正面或是中性指标测量，鲜有对负面指标进行测量，对省份找出问题和解决问题的助益较少。（3）已有研究在内容分析时未考虑人口数量、媒体关注度因素的影响，研究结果有所偏颇。媒体关注度和省份人口数影响该省某一主题新闻报道的数量：媒体关注度越大，新闻报道的数量越多；省份人口越多，可能出现某一主题的新闻报道量越多。（4）已有研究均采用抽样研究，抽样或多或少存在主观性和随机性。

因此，本次研究在测量省份"涉毒"程度时，采集七大网站（人民网、新华网、新浪网、腾讯网、网易网、搜狐网和凤凰网）的全部网络新闻标题，排除人口数量、媒体报道倾向的影响，计算各省份"涉毒指数"，以"涉毒指数"判断某一省份"涉毒"深浅。

三、研究方法

（一）数据采集

本次研究采用自行开发的新闻标题采集软件（TCP），针对七大网站（人民网、新华网、新浪网、腾讯网、网易网、搜狐网和凤凰网）采集网络新闻标题。取七大网而不是全国所有新闻网站的原因有两方面：一是小网站生生灭灭不稳定，不利于观察研究；二是如果包括所有网站，数据量数量级地增多，加大了数据采集和分析的难度。最终，本研究采集到的所有新闻标题数据包括标题中含港澳台在内的 34 个省市自治区（省份）的 2014 年的新闻标题，一共20 948 条。

（二）数据编码

笔者采用自行开发的关键词编码软件（KWCP）进行编码：编码过程中，只要在 KWCP 中键人所要编码的关键词,确定含有该关键词的赋值即可。

本研究中,关于"涉毒"的关键词包括"毒、大麻、海洛因、K 粉、摇头丸、鸦片、可卡因、咖啡因、三唑仑、吗啡"等 10 个;关于"瘾毒"的关键词有"毒品、吸毒、贩毒、毒贩、毒枭、禁毒、戒毒、涉毒、冰毒、制毒、大麻、海洛因、K 粉、摇头丸、鸦片、可卡因、咖啡因、三唑仑、吗啡、缴毒、缉毒、扫毒、毒瘾、赌窟、赌毒、赌窝、运毒、查毒、毒情、毒资、藏毒、毒犯、心毒、毒巢、毒驾、买毒、卖毒"等 37 个;关于"病毒"的关键词有"病毒、尿毒、消毒"3 个;关于"喻毒"的关键词是"毒手、毒舌、狠毒、毒害、荼毒、毒打、手机病毒、电脑病毒、毒瘤、五毒俱全"等 10 个;将"毒"减去"瘾毒""病毒"和"喻毒"之后,剩下的就是"死毒"。

统计得出,"病毒量"(9.9%)和"喻毒量"(1.1%)在所有新闻中所占比例很小,所以本文重点关注各省份"涉毒""瘾毒"和"死毒"3 个指标。

(三)指标及统计方法

1.涉毒量

"涉毒量"指在特定时间里来自特定新闻源的关于某个省份的"涉毒"新闻标题数,用 NP 表示。"涉毒量"还可以进一步分解为"瘾毒量""死毒量""病毒量"和"喻毒量",分别用 NA、ND、NI 和 NS 来表示。

2.百万人均涉毒量

"人均涉毒量"是将某省涉毒量(NP)除以该省人口数(Pk),即可获得该省的人均涉毒量。鉴于人均涉毒量数值太小,不易理解和表达,为此,我们用"百万人均涉毒量"(MP 表示,单位是条/百万人,取值范围为 $0\sim\infty$)代替人均涉毒量,其计算公式为:

$$MP = \frac{NP}{P_k} \times 1\,000\,000 \tag{1}$$

这一指标可以排除人口因素对各省"涉毒"程度的影响,其相应的分解指标包括"百万人均瘾毒量""百万人均死毒量""百万人均病毒量"以及"百万人均喻毒量"。百万人均"涉毒"新闻量,既可用于跨省份比较,又可用于跨媒体比较,但不可用于同一省份的跨时间比较。

3.涉毒关注度

"涉毒关注度"指媒体对某省的涉毒报道(NP)占所有报道的比重。这一指标排除媒体因厚此薄彼所导致的对各个省份的不均衡报道的影响。具体计算可以采用以下公式:

$$AP = \frac{NP}{\sum NP} \times 100\% \tag{2}$$

式（2）中，NP 为新闻标题总数；AP 为媒体对涉毒的关注度，值是万分比率。相应的分解指标主要有"瘾毒关注度""死毒关注度""病毒关注度"和"喻毒关注度"，分别用 AA、AD、AI、AS 表示。"涉毒关注度"，既可用于跨省份比较，又可以用于跨媒体比较，还可用于跨时间（年份等）的比较。

4.涉毒指数

"涉毒指数"是用来衡量网络媒体报道中排除人口、媒体报道倾向对涉毒报道干扰之后而得的各省涉毒程度。将某省涉毒关注度作为加权系数，乘以该省的人均涉毒量，再乘以 1 亿，即可获得该省的涉毒指数（用 DP 表示，取值范围为 $0\sim\infty$），计算公式如下：

$$DP = \frac{NP^2}{P_k \times \sum NP} \times 100\,000\,000 \tag{3}$$

公式（3）中，DP 表示涉毒指数，值是百万比率；P_k 为某省份的人口数；NP 为新闻标题数量。通过"涉毒指数"，能够比较客观地衡量各省与"涉毒"的关联程度。此指标可用于跨省份、跨媒体、跨时间的比较，但是不能进行跨指标的比较。

四、研究结果

（一）我国各省份涉毒量排名

通过分析 2014 年七大网站中我国各省份所有网络新闻标题，我们获得图 1 关于各省网络新闻标题中含"涉毒"关键词的新闻数量。图 1 数据表明，"涉毒量"排名前 5 名分别是广东、北京、云南、香港和山东；"涉毒量"排名末尾的 5 个省分别是黑龙江、辽宁、内蒙古、天津、西藏。

在具体的"瘾毒"方面，广东的情况最令人担忧，北京紧随其后，数量均遥遥领先于其他省份，云南、香港、广西排名 3～5 位；辽宁、吉林、青海、黑龙江、西藏排名末五位（图表略）。

在"死毒"方面，云南的情况最严重；山东也大幅领先其他省份，广东、浙江、北京也排名靠前，内蒙古、吉林、天津、西藏、澳门排名末尾（图表略）。

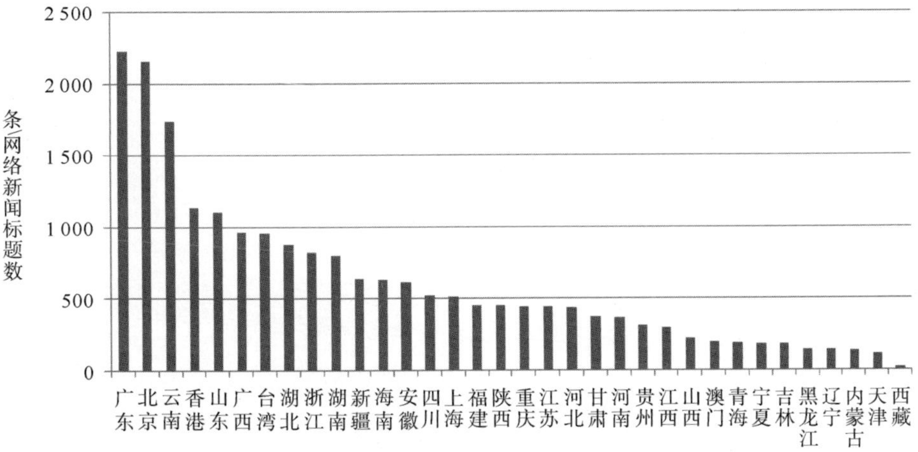

图 1　2014 年各省份的"涉毒"新闻标题数

（二）我国各省份人均涉毒量排名

"涉毒"的新闻报道的多少，可能跟"涉毒"事件的多少有关，"涉毒"事件的多少，也可能跟各省的人口有关。当将人口基数纳入统计之后，分析结果显示，"人均涉毒"最深的是澳门，接着依次是香港、北京、海南、台湾；排名末尾的是江苏、内蒙古、河南、黑龙江和辽宁，见图 2。

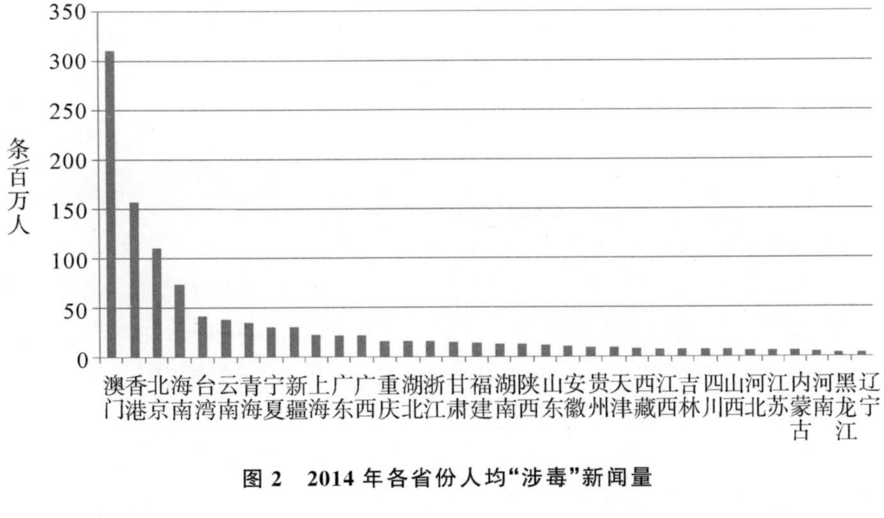

图 2　2014 年各省份人均"涉毒"新闻量

在具体的各种"涉毒"中，"人均瘾毒量"最高的前五位同样是澳门、香港、北京、海南和台湾，排名末尾的是江苏、内蒙古、河南、黑龙江和辽宁（图表略）。

在"人均死毒量"方面，青海的情况最不乐观，云南、北京、宁夏、香港依次排列，排名末尾的是山西、内蒙古、天津、吉林和澳门（图表略）。

（三）媒体对各省涉毒的关注度排名

"涉毒"新闻报道的多少，可能跟"涉毒"事件的多少有关，"涉毒"事件的多少，除了跟各省的人口有关之外，媒体对该省的重视程度也可能是主要的影响因素。得到重视的省份，总体新闻报道较多，因而"涉毒"的报道也相应增多。因此我们将媒体对该省的总体新闻报道量纳入考虑，得出另一个指标，即媒体对"涉毒"的关注度。统计分析结果显示，在媒体对各省"涉毒"的关注度上，排名前五的省份依次是云南、广东、广西、香港和湖北；河南、重庆、上海、天津和西藏排名末五位，见图 3。

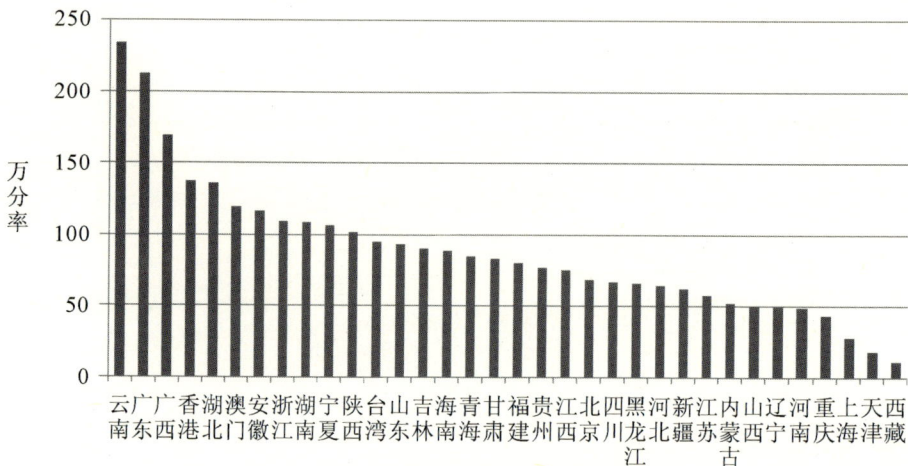

图 3　媒体对各省份"涉毒"的关注度

在具体的"瘾毒"关注度上，前三名的省份一样，但顺序有变化，变成广东、广西和云南，排名末五位的是河南、天津、上海、黑龙江和西藏（图表略）。

在"死毒"关注度上，云南最受重视，其后是青海、宁夏、陕西和安徽。排名末五位的是重庆、吉林、西藏、天津和澳门（图表略）。

（四）我国各省的涉毒指数排名

将各省的人口和媒体重视程度纳入考虑，我们得出能够更加客观反映各省"涉毒"程度的指标——"涉毒指数"。从图 4"涉毒指数"的统计结果可以看出,澳门的"涉毒指数"排在最前;其后的几个主要省份依次是香港、云南、北京、海南,排名后几位的是黑龙江、河南、辽宁、天津和西藏。

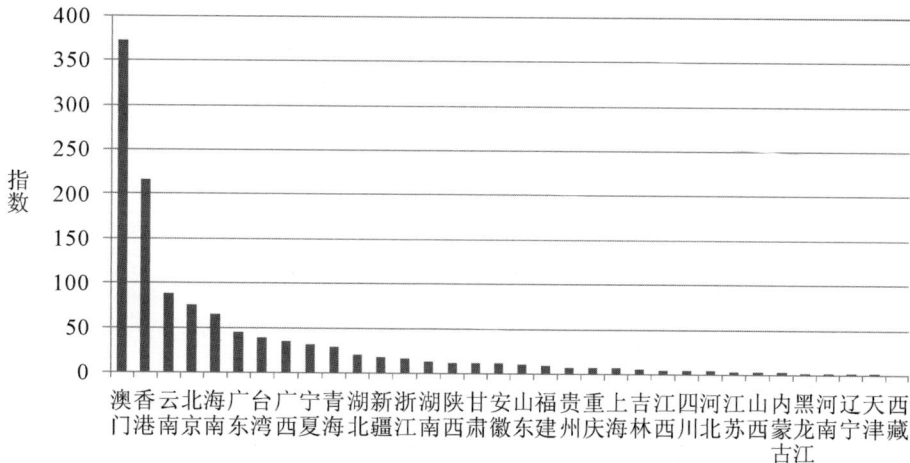

图 4　各省的"涉毒"指数

在"瘾毒指数"上,澳门、香港同为第一,其后是北京、海南和广东。排名末几位的是河北、辽宁、西藏、河南和黑龙江(图表略)。

在"死毒指数"上,前三甲是云南、青海和宁夏;第 4～5 名是浙江和陕西;山西、西藏、吉林、天津和澳门排名末尾(图表略)。

(五)我国各省传播形象中涉毒程度分级

根据各省份的"涉毒指数"(DP),我们对各省的"涉毒"程度进行分级,得出各省份的"涉毒"等级如表 1。其中,5 级的有澳门和香港,4 级的有云南、北京和海南,1 级的有西藏。

根据同样的道理,我们对各省涉及"瘾毒"和"死毒"的严重程度进行分级,得到表 2 和表 3 结果。表 2 显示,涉及"瘾毒"很严重的省份有澳门,严重的有香港,一般的有北京等 7 个省份,其他的省份都是较轻或轻微的。由表 3 则可以看出,涉及"死毒"很严重或严重级别的省份都没有,中等的只有青海和云南,其他都是轻微或较轻的。

表 1 涉毒严重程度分级

等级	指数范围	意义	省份
1	1＞DP≥0	轻微	西藏
2	10＞DP≥1	较轻	贵州、重庆、上海、吉林、江西、四川、河北、江苏、山西、内蒙古、黑龙江、河南、辽宁、天津
3	50＞DP≥10	中等	广东、台湾、广西、宁夏、青海、湖北、新疆、浙江、湖南、陕西、甘肃、安徽、山东、福建
4	100＞DP≥50	严重	云南、北京、海南
5	DP≥100	很严重	澳门、香港

表 2 瘾毒严重程度分级

等级	指数范围	意义	省份
1	$1＞DP_d≥0$	轻微	天津、江苏、吉林、河北、辽宁、西藏、河南、黑龙江
2	$10＞DP_d≥1$	较轻	湖北、宁夏、湖南、贵州、重庆、甘肃、福建、安徽、山西、四川、内蒙古、青海、江西、上海、浙江、陕西、山东
3	$50＞DP_d≥10$	中等	北京、海南、广东、广西、云南、台湾、新疆
4	$100＞DP_d≥50$	严重	香港
5	$DP_d≥100$	很严重	澳门

表 3 死毒严重程度分级

等级	指数范围	意义	省份
1	$1＞DP_p≥0$	轻微	河北、河南、上海、新疆、江西、四川、辽宁、江苏、贵州、重庆、内蒙古、山西、西藏、吉林、天津、澳门
2	$10＞DP_p≥1$	较轻	宁夏、浙江、陕西、山东、安徽、香港、北京、广西、台湾、海南、广东、黑龙江、甘肃、湖北、湖南、福建
3	$50＞DP_p≥10$	中等	云南、青海
4	$100＞DP_p≥50$	严重	无
5	$DP_p≥100$	很严重	无

五、重点省份讨论

(一)"涉毒"较严重的省份

澳门"涉毒"程度为 5 级,"涉毒"很严重。澳门人口少,"涉毒""瘾毒""死毒"报道量排名都在 20 开外。但排除人口和媒体关注程度的影响后,澳门的"涉毒指数"(372.70)、"瘾毒指数"(104.81)均位列第 1,"死毒指数"(0)位居末位。澳门尽管"涉毒"最深,"涉毒指数"很高,但其"涉毒"问题主要体现在"瘾毒"方面,因各种原因中毒的几乎没有。

香港"涉毒"程度为 5 级,"涉毒"很严重。香港的"涉毒量""瘾毒量"排名第 2,"死毒量"位居第 20。最终香港的"涉毒指数"(216.73)、"瘾毒指数"(98.36)排名均为第 2,而"死毒指数"(1.91)排名第 8。香港在媒体报道中体现出"严重涉毒"的传播形象,"瘾毒"问题严重,"死毒"问题较轻。

云南"涉毒"程度为 4 级,"涉毒"严重。其"涉毒量""瘾毒量"均位列第 3,"死毒量"位居第 1。综合考虑人口、媒体关注程度之后,云南的"涉毒指数"位居第 3(88.86,大陆省份的第 1),"瘾毒指数"(19.37)位居第 7,"死毒指数"(22.39)位居第 1。相对于大陆其他省份,云南是大陆省份中"涉毒"最深的省份,"死毒"和"瘾毒"问题中等。

北京"涉毒"程度为 4 级,"涉毒"严重。北京的"涉毒量"以及"瘾毒量"均居第 2,"死毒量"也位列前 5。最终,北京的"涉毒指数"(76.07)位居第 4,"瘾毒指数"(42.29)第 3,"死毒指数"(1.85)第 9。可见,北京"涉毒"严重,主要问题在"瘾毒"方面。

海南"涉毒"程度为 4 级,"涉毒"严重。海南的"涉毒量"并不突出,排名第 12,其中"瘾毒量"第 10,"死毒量"第 24。综合考虑人口和媒体关注程度之后,海南的"涉毒指数"(65.39)排名第 5,其中"瘾毒指数"(36.47)排名第 4,"死毒指数"(1.46)排名第 12。海南存在"涉毒"严重的传播形象,主要问题在"瘾毒"方面。

广东"涉毒"程度为 3 级,"涉毒"中等。由于广东是人口大省,其"涉毒"新闻报道量最大,涉及"瘾毒"的报道量也是最大,"死毒"的报道量也在前列。但排除人口和媒体关注度的影响后,广东的"涉毒指数"(45.58)排名第 6,其中"瘾毒指数"(24.60)位居第 5,"死毒指数"(1.44)位居第 13。根据各省"涉毒指数"分级,广东省"涉毒"程度中等,"瘾毒"问题中等,"死毒"问题较轻。

台湾"涉毒"程度为 3 级,"涉毒"中等。台湾尽管人口相对较少,但其"涉毒量"和"瘾毒量"都排名靠前,分别列第 7 和第 6;"死毒量"相对靠后,排名第 13。最终,台湾的"涉毒指数"(39.12)排名第 7,其中"瘾毒指数"(19.05)排名第 8,"死毒指数"(1.61)排名第 11。根据各省"涉毒指数"分级,台湾"涉毒"程度中等,"瘾毒"问题中等,"死毒"问题较轻。

(二)"涉毒"轻微的省份

西藏"涉毒"程度仅为 1 级,"涉毒指数"排名最末。西藏是地广人稀的省份,其"涉毒量"和"瘾毒量"均排在所有省份末尾,"死毒量"排名倒数第 2。当排除人口和媒体关注度影响之后,西藏"涉毒指数"(0.82)排名垫底,"瘾毒指数"(0.44)排名倒数第 2,"死毒指数"(0.06)排名倒数第 4。根据各省"涉毒指数"分级,西藏是"涉毒"程度轻微的省份,"瘾毒"和"死毒"程度轻微,但"瘾毒"问题较"死毒"严重。

天津"涉毒"程度为 2 级,"涉毒"较轻。天津的"涉毒"新闻量很少,排在所有省份中倒数第 2,其"瘾毒量"排名倒数第 7,"死毒量"排名倒数第 3。当排除人口和媒体关注度影响之后,天津"涉毒指数"(1.64)排名倒数第 2,"瘾毒指数"(0.96)排名第 26 位,"死毒指数"(0.01)排名倒数第 2。根据各省"涉毒指数"分级,天津是"涉毒"程度较轻的省份,"瘾毒"和"死毒"程度轻微,但"瘾毒"问题较"死毒"严重。

辽宁"涉毒"程度为 2 级,"涉毒"较轻。辽宁的"涉毒"新闻量很少,排在所有省份中倒数第 4,其"瘾毒量"排名倒数第 5,"死毒量"排名倒数第 8。当排除人口和媒体关注度影响之后,辽宁"涉毒指数"(1.68)排名倒数第 3,"瘾毒指数"(0.44)排名倒数第 4,"死毒指数"(0.24)排名第 24 位。根据各省"涉毒指数"分级,辽宁是一个"涉毒"程度较轻的省份,"瘾毒"和"死毒"程度轻微,但"死毒"问题较"瘾毒"问题严重。

(三)个别方面表现突出的省份

青海"涉毒"程度为 3 级,"涉毒"中等。青海的"涉毒"和"瘾毒"新闻量均排在 25 名开外,"死毒量"排名 16。当排除人口和媒体关注度影响之后,青海"涉毒指数"(29.78)排名第 10,"瘾毒指数"(1.77)排名第 21,但是"死毒指数"(16.58)跃居第 2。因此,尽管青海是一个"涉毒"程度中等的省份,但"死毒"问题为全国排名第 2。

黑龙江排名全国第 2,"涉毒"程度为 2 级,"涉毒"程度较轻。黑龙江的

"涉毒"和"瘾毒"新闻量分别排名倒数第 5 和倒数第 2,"死毒量"排名 22。排除人口和媒体关注度影响之后,黑龙江"涉毒指数"(2.58)排名 30,"死毒指数"(1.27)排名第 14,但"瘾毒指数"(0.09)排名末尾。因此,黑龙江是"涉毒"程度较轻的省份,其"瘾毒"问题是全国最轻的。

结果表明,澳门和西藏分别为我国"涉毒"最严重和最轻的省份。其中,澳门和黑龙江分别为全国"瘾毒"问题最严重和最轻的省份,云南和澳门分别为全国"死毒"问题最严重和最轻的省份。

六、研究方向

未来可以从三个方面对本次研究进行拓展:各省份传播形象其他维度的研究,某个省份传播形象中"涉毒"的历年研究,以及省份出现"涉毒"形象的原因和解决方法研究。(1)本次研究的方法适用于省份传播形象的其他维度的研究。在建立合适的研究框架和维度的前提下,对省份传播形象其他维度的研究将是方向。(2)如果某省执政者想了解本省"涉毒"问题:哪些年份本省"涉毒"较轻,哪些年份本省"涉毒"较严重,对于某一省份"涉毒"形象进行历年的统计分析将是良好的开端。(3)本次研究采用大数据研究,大数据研究更多地关注现象本身以及现象的相关关系。因此,结合质性研究方法,探索省份"涉毒"形象出现的原因以及解决方法,将是进一步研究的方向。

参考文献

[1]陈媛媛.我国主流媒体中的湖北媒介形象——以《人民日报》《光明日报》(2006—2010)的报道为例[J].东南传播,2012,(11):69—71.

[2]丁柏铨.论政府的媒介形象[J].西南民族大学学报:人文社科版,2009,(2):138—143.

[3]丁新,顾文斐,高志刚.基于结构方程模型的新疆区域形象影响因素研究[J].天津商业大学学报,2016(1):60—67.

[4]胡世澄.重庆地区毒品犯罪的现状和对策建议[J].西南政法大学学报,2005(4):89—94.

[5]胡秋舍.负面新闻报道对河南形象的影响分析[D].郑州:郑州大学,2014:15.

[6]蒋廉雄,朱辉煌,卢泰宏.区域形象的概念分析及其营销框架[J].中山大学学报:社会科学版,2006(5):111—116.

[7]刘婵婵,孙秀茹,白玉华.区域形象战略研究——兼论广西区域形象战略[J].南宁师范高等专科学校学报,2004(3):13—16.

[8]赖琮.地区形象及其重要性刍议[J].珠江经济,2002(6):48—52.

[9]孙江华,严威.中国省级区域传播形象的统计测量及分析[J].中国软科学,2009 (4):80—86.

[10]王芳,李惠民.网络媒体对欠发达地区区域形象塑造分析——基于新浪网对甘肃的新闻报道[J].科学·经济·社会,2013(4):163—167.

[11]王慧,吴樾.网络媒体中的安徽形象[J].新闻世界,2011(8):222—224.

[12]王龙,刘梦林.区域形象测量内容的研究综述[J].城市发展研究,2012(1):26—28.

[13]王雪莲,张明新.不同传播渠道中城市形象认知及影响因素[J].新闻前哨,2011 (4):39—41.

[14]王艳斌.广西边境少数民族地区涉毒犯罪问题研究[J].广西民族研究,2003(3):114—119.

[15]王飞,冯年华,曾刚.区域形象研究的回顾和展望[J].经济师,2006(3):259—260.

[16]杨洸,陈怀林.传媒接触对本地城市形象的影响——珠海受众调查结果分析[J].新闻与传播研究,2005(3):66—76.

[17]杨沛瑾,欧人.一种全新的区域形象测评指标体系[J].中南林业科技大学学报:社会科学版,2007(01):114—119.

[18]杨杰.区域形象量表的研制与效度检验:以安徽为例[J].华东经济管理,2008 (12):33—38.

[19]杨菁.网络媒体中内蒙古、云南区域形象传播展现分析[D].呼和浩特:内蒙古大学,2014:15.

[20]张蓉,杨春娜.传播学视域下的陕西区域形象研究[J].陕西广播电视大学学报,2009(3):64—67.

[21]张国良.新闻媒介与社会[M].上海:上海人民出版社,2001:62,80.

[22]张香萍.基于媒体第   学院学报,2012(6):33—37.

[23]赵   2003(6):81—

                                         大学报,2006

[26]朱辉煌,蒋廉雄   泰宏.基于消费者心理认知的城市形象属性构面研究[J].城市发展研究,2009(4):117—120.

新闻传播学品牌传播方向专硕培养案例教学法引入研究

何 艳

（北京工商大学艺术与传媒学院广告系，北京，中国，100037）

———— 摘 要 ————

品牌传播是管理学和传播学的交叉领域，作为新闻传播学科的重要培养方向，品牌传播致力于培养具有品牌传播专业能力的品牌管理者。北京工商大学艺术与传媒学院，依托学校"大商科"优势资源背景，以品牌传播作为新闻传播学硕士研究生培养的重要方向，尝试将案例教学法引入品牌传播方向的研究生培养中，特别是专业硕士的培养。本文将在对美国哈佛经典案例教学法、加拿大毅伟一体化案例教学法和耶鲁原案例教学法的研究基础上，结合品牌传播方向专业硕士研究生培养的内容和特点，探讨品牌传播专业硕士研究生培养中案例教学法的引入问题。

关键词：案例教学法；品牌传播；硕士研究生培养

引 言

2010 年，我国正式设立新闻传播学专业硕士学位，这一学位不仅强调培养新闻传播学学生在专业信息采编和传达能力，更加重视学生在传播领域面临复杂情况时的专业判断、决策和管理能力，着眼于为传媒行业培养真正具有"强实践"能力的专业人才。① 早在 2005 年，中国人民大学新闻学院启动"新闻传播学案例库建设"，几乎与世界新闻传播学科同步，尝试将案例教学引入

---

① 刘丹凌.新闻传播学专业硕士设置与培养模式探微［J］.中国记者,2010(6):59—60.

新闻传播学科的人才培养。近十年来,关于新闻传播学案例教学法引入方面的研究取得丰硕成果,但这些研究大都局限于新闻领域的研究生培养。在新闻传播学专业硕士培养的新形势下,案例教学法研究应得到更加深入和广泛的推进。

一、案例教学法

案例教学法是以案例教学为主、师生互动为基础的教学模式,指教师在学生指导过程中,根据教学目的的需要,大量使用案例,通过对案例的分析与讨论,来提高学生的实际专业判断、决策和管理能力。[①] 1870 年,案例教学法起源于哈佛法学院,用法庭判决的案件作为案例进行教学,称为判例教学法;随后,哈佛医学院采用临床实践和临床病例学会议两种形式的案例教学,对当时传统的医学教学进行改革,获得巨大成功。1921 年,哈佛商学院正式推行案例教学,成立商业研究处,进行案例的开发和研究工作。经过 100 多年的发展和完善,案例教学对法学、医学和商学等诸多学科的人才培养发挥着重要的作用。特别是商学院 MBA 教学中,案例教学模式不断创新,形成以美国哈佛经典案例教学、加拿大毅伟一体化案例教学和耶鲁原案例教学为主的三大案例教学流派。

MBA 教育致力于培养学生综合全面的"总经理能力",而不是专深的"学科专家能力",学习的重点是真正的管理,而非管理学。它不注重造就理论型的"学术人才",而只造就"职业老板"这种实用型人才。总之,其目标不在于培养搞理论研究的"学院派"硕士,而是培养能学以致用、崇尚实干、真正能在工商经济领域领导一个企业或其他组织机构的中高层经营管理者,具有很强的务实性、实践性和操作性。[②] 因此,根据培养某方面能力的需要,MBA 案例通常分为三类。第一类是培养学生快速分析问题和解决问题的能力,例如商品存货管理、价格决策等,这类案例一般信息量集中,影响因素明确,案例篇幅不长,在实际教学中,一般在课堂上发给学生,让他们在限定时间内拟定可行方案并做出决策。第二类是培养学生全面把握企业未来的领导才能和企业加精神,例如技术改造、新产品开发,这类案例信息量大、影响因素多而不明确,往往机遇与风险并存,需要学生运用所学专业知识和长期工作积累起来的丰富

---

① 刘刚.哈佛商学院案例教学作用机制及其启示[J].中国高教研究,2008(5):89—91.

② 王玉东.案例教学:哈佛商学院 MBA 教育的基本特征[J].大学教育科学,2004(3):86—89.

经验,在系统分析的基础上进行决策。在教学中,这类案例需要提前一周发给学生,让学生能够有足够的时间认真阅读,整理有关资料,进行创造性思考和综合判断决策。第三类是培养学生综合分析和决策能力,这种案例既有生产经营的阶段性,又保持其连续性和系统性,需要根据上一阶段的经营结果,决策下一阶段的经营方案,比如产品品种生产决策,市场营销组合策略决策等,在教学中,这类案例在教师的引导下,学生分阶段进行分析和决策。①

二、品牌传播专硕培养中的案例教学

品牌传播方向的专业硕士研究生培养,与 MBA 培养有相似的地方,着眼于培养品牌传播和管理实践方面的专业人才和管理人才,培养具备品牌管理潜质的实用型品牌传播专业人才。类似的务实性、实践性和操作性特点,让案例教学模式同样适用于品牌传播专业硕士研究生的培养。面临越来越激烈的就业竞争压力,新闻传播学研究生自身也希望获取这种判断力、决策力和管理能力。2015 年 6 月,北京工商大学新闻与传播学科 53 名在校硕士研究生案例教学现状调查显示,有 62.26% 的学生认为案例教学法很重要,37.74% 的学生认为案例教学法重要;学生都认同案例教学法在增强批判思维能力、策划设计能力、系统思维能力、判断决策能力和语言表达能力等方面的作用,认同比率分别为 56.6%、77.36%、67.92%、52.83% 和 56.6%;与此同时,在案例的选择上,73.58% 的研究生倾向于决策/问题型案例,26.42% 的研究生倾向于评价/描述型案例,表明学生渴望通过真正的案例教学来增强能力。

品牌传播方向的专硕培养体系引入案例教学模式,是北京工商大学借助商科资源培养商业传播人才的需要,也是学生增强自我能力的需求。案例教学模式的引入,不是简单的 MBA 模式拷贝,而应该结合学生、教师特点和教学内容进行适当调整。

(一)师生角色差异和调整

品牌传播专业硕士研究生与 MBA 学生的差别很大,首先他们大多为大学本科应届毕业生,通过全国统一的研究生考试成为硕士研究生,拥有与品牌传播相近的本科学习背景,但没有较长的工作经历。这一切都限制了学生在案例教学中进行互动,无法拥有 MBA 学生的思维广度和深度,需要教师适当

---

① 陈伟,郭韬.MBA 案例教学法[J].经济管理,2001(5):78—79.

引导和激发。作为案例教学的主要参与者,品牌传播专硕研究生将发挥课堂讨论主角作用,适当参与案例的编写工作,在学习的进程中,通过案例调研和编写,增加业界接触和实践机会,掌握系统思维和文字表达能力。

在案例教学中,教师担负案例编写、学生案例编写培训、合作公司联系、课堂案例教学等诸多职责。首先,在所有的商学院中,授课教师都是案例编写的重要力量,因为他们对教学目标、相关理论的把握得非常准确,由他们编写的案例具有很强的针对性。但是,教师承担教学与科研的双重任务,不可能将主要精力用于案例创作,因此培训学生进行案例调研、编写和学习,也是教师的重要工作。其次,从哈佛经典案例教学到毅伟一体化案例教学,再到耶鲁原案例教学,案例的编写越来越注重内容的原生性,强调通过实际的调研甚至亲身参与公司咨询,获得一手的案例,而不是通过既有的资料搜集和编写设置来完成虚拟情景的教学,因此,与案例来源公司关系的沟通,越来越成为授课教师的重要职责。对于品牌传播方向来说,应联系案例来源的品牌主,其次还需与公司品牌传播相关联的广告公司、公关公司等商务服务公司建立良好关系。最后,在案例教学模式中,哈佛大学的案例课堂教学法一直以来受到各商学院的一致推崇。哈佛大学的教授认为,教授的职责是把学生的思想激发出来,成功使用案例的关键是向学生提出问题,而不是给出答案。在课堂上,教师以总体的教学目标为方向,以理论知识点为框架,通过案例进行讨论式学习的引导、激发和把控。

(二)品牌传播案例库建设

案例库建设无疑是案例教学最重要的基础环节。2005 年,人大新闻学院开发出国内第一个"新闻传播学案例库",拥有 13 个子库,涵盖编辑学、新闻采访与写作、新闻评论、电视、广告、公关等领域。2007 年,哥伦比亚大学新闻学院创建哥伦比亚案例联合体,是现有最完备、专业且具有国际影响力的新闻传播学案例库平台。其案例库内容涵盖更加广泛,包括新闻传播学案例、公共政策案例和公共卫生案例。其新闻传播学案例从媒介形态上可分为多媒体案例、视频案例、纯文本案例、西班牙语案例和外界提供案例。[①] 品牌传播案例库是一个相对更加细分的案例库,其案例库内容、媒介形态、案例规格和建设保障都需要具体的思考。

---

① 蔡雯,罗雪蕾.新闻传播学案例教学现状调查——对海外高校案例库建设与案例课程设计的观察与思考[J].现代传播,2012(9):119—122.

1.案例库内容架构、形态与标准

品牌传播案例库的架构方式有多种，常见的是按照国家工商管理总局制定的行业划分标准，将品牌按照十六大行业进行分类架构；也可以按照品牌传播案例所属媒介时代进行划分，比如卫星电视时代、移动互联网时代等；或者按照品牌发展的不同阶段，划分为品牌初创期、成长期、成熟期和衰退期。从不同角度为案例设定标签，方便不同使用者检索。

传统案例多为纯文本案例，经过专业人员的资料搜集整理和调研，以文本形式呈现相关决策背景和情境。随着媒介形态的多元化和学生媒介使用习惯的变化，借鉴哥大案例库经验，品牌传播案例库也可以将多媒体、视频、录音等不同媒介的相关品牌资料融入其中，甚至制作成视频或者音频，丰富品牌传播案例库的媒介形态，满足不同媒介使用习惯的需要。

为满足品牌传播相关课程的教学需求，品牌传播案例也需要从学生能力培养需求出发，既有系统宏观的经典全案例，也需要具体品牌传播策划的突破性典型案例。全案例是以品牌所在的行业和品类为起点，涵盖品牌历史、品牌行业和品类现状、品牌市场竞争格局、阶段品牌传播缘起、品牌系统传播策略等多方面内容，以时间为纵轴、市场为横轴的大案例建设，一般为评价/描述型案例。突破性典型案例，围绕一个品牌的一次创新性品牌战役所做的详细案例建设，比如奥利奥一百周年的品牌传播专项战役；或者一种品牌传播策略的专题性案例，比如可口可乐品牌从创建之初到现在的代言人传播策略等等，一般为决策/问题型案例。可见，全案例可以按照阶段性品牌发展策略背景，设定大的信息模块，来完成全案例模板的制定，但是具体的突破性案例没有完全统一可操作的标准。所以，品牌传播案例的建设不一定有统一的标准，但一定要提出所遵循的核心精神，比如哥大案例库提出的核心精神是"问题意识"，要求所有案例都是在当事人面临决策时予以讨论，而对事件的叙述过程则没有具体的格式规定。

2.品牌传播原案例的编写

2007 年以来，耶鲁大学商学院积极推动"原案例"教学法的普及，原案例的编制打破了传统哈佛案例"将一个复杂的情况压缩成只有一个判定点的十几页叙述"的形式，运用更加丰富的资料和数据，真实呈现案例背景信息，通常包括对主要人物的采访视频、背景信息等涉及所讨论问题的所有原始资料。

原案例这一新型案例形式产生，是因为耶鲁大学的教授们认为，管理困境无法通过这 10～15 页的文本叙述完全表达清楚，对管理困境的理解是由每个人从不同渠道获取信息进行合成的能力决定的。因此,原案例是管理难题相关资料的集合,不再进行梳理和整合,对原案例的提取和使用再现现实世界中每个人访问和使用信息的方式。在互联网时代,原案例的编制最适合让学生参与其中。学生能够以非线性方式查阅、搜集、吸收和分析多形态的资料,决定哪些信息是相关的,这些信息如何与目前问题相关联。对于学生来说,原案例的编制过程也是学习经历的一部分。其间,允许学生根据自己的兴趣调整案例体验过程,他们可能选择忽略一些话题而深入探讨其他相关问题。原案例最好来自于案例提供者亲身参与的公司项目,原始的详细资料和当事人的口述能够真实还原决策困境,提高教学质量。原案例也能够让教员打破处理商业问题时传统的"既有资料"(siloed)思维,再现动态变化的决策情境。在耶鲁管理学院,原案例课程通常由来自不同学科的教员共同讲授,案例资料的动态开放性为教学提供了更多的角度。耶鲁原案例教学融合了加拿大商学院毅伟商学院一体化的案例教学与公司咨询管理项目的优势,在互联网时代,这具有很强的可操作性和传播推广性,是案例教学模式的重要发展趋势。

品牌传播案例的编写,在常规资料文本案例编写基础上,积极推进原案例建设,探索品牌传播案例教学的网络化途径。首先,确定编写案例的类型和角度,确定案例内容框架;其次,通过案例调研访谈,获得案例的一手资料,或者咨询项目参与者对本项目进行原始资料梳理,在此基础上整理案例编写思路;再次,在基本思路的指导下,对本案例的网络信息进行筛选,建设兼具独有一手资料和网络资料链接的网络原案例;最后,结合网络的动态实时性和内容超载性特点,不断完善和补充案例相关内容。

3.品牌传播案例库建设的人员和机制保障

保证案例教学最基本的条件就是要有足够的所需案例,毅伟商学院在案例编制方面的人员和机制保障经验,值得我们借鉴。

首先,可以借鉴毅伟商学院案例编制人员多元化的策略,即动员多方力量,从教师、博士研究生、职业案例创作人员一直到业余案例写作者,都参与品牌传播案例编制的队伍。授课教师由于对教学目标、相关理论把握得非常准确,因此由他们所编写的案例具有很强的针对性;但教师均承担着教学与科研的双重任务,不可能将主要精力用于案例创作,客观上需要其他力量参与案例写作的队伍,博士研究生便是这一团队中的重要一员。作为知识生产者,博士研究生的培养要从基础研究与应用研究的社会需求出发,围绕相关科研项目,逐步提高其从事科研工作的创新能力,对丰富的管理实践要有深刻的理解,案例编写正好能够锻炼博士研究生的科研创新力和对管理实践的理解力。因此,毅伟商学院作为一项制度,要求每位博士生在校期间必须完成一至两个案例,经费由学院提供。专业案例写作人员当然是案例生产的主力军,案例强调与教学过程的有机融合,是既紧密结合管理实际又符合教学要求的特殊产品。为此,商学院提供所需案例的教学主题以及详细的写作要求,包括拟阐释的相关理论与方法、案例难度级别;案例写作者根据要求,选定目标企业并进行详细调研。当案例完成后,需要通过学院专家小组审查,才能作为合格的案例收入案例库。①

其次,毅伟商学院注重对案例编制人员的培训,培训内容主要包括:案例的定位、相关资料的收集、创作核心的确定、计划的制订与实施、敏感信息的伪化处理、教学辅助分析报告的写作、案例效果试验以及案例的正式发布。它与一般的教学培训不同,除了主持培训的教师对相关内容的介绍外,还根据特定的案例主题制作详细的要求,为每位参加培训的学生确定一家伙伴企业,使课堂讨论与实际案例制作交互进行。②

品牌传播案例库建设在人员和机制保障上,可以借鉴毅伟商学院的有益做法。在案例编写人员多元化方面,除了教授、研究生和职业案例创作者之外,还可以考虑邀请业内专家加入。特别是原案例的编制,更注重原始资料的掌控,决策原生状态的呈现,而不是传统的资料调研搜集和编写;在品牌传播互联网媒介环境下,传播速度和变化速度都大幅提升,很多品牌传播案例发生后再进行资料搜集时,原有的过程资料可能已经发生变化,或被删除或被转移。因此作为案例的直接参与者和业内关注者,进行品牌传播教学案例的编写,能更加敏感和全面的抓取过程资料,有利于原案例的建设。在案例创作人员培训方面,除了毅伟商学院案例编写培训中的基本内容和方法之外,还应该根据教授、研究生、专职案例创作人员和品牌传播业内人员的不同特点,进行不同侧重点的差异化内容培训。

(三)案例教学模式建构

品牌传播方向专业硕士学位,旨在培养高层次实践型的品牌传播管理人才,案例教学模式将贯穿学生的两年学习生活:先进行在校的案例学习和能力

---

① 蔡建峰.谈加拿大毅伟商学院的一体化案例教学[J].学位与研究生教育,2005(6):50-53.

② 蔡建峰.谈加拿大毅伟商学院的一体化案例教学[J].学位与研究生教育,2005(6):15.

培养,再在一年实践学习中体验原案例的编制过程,为下届的专硕研究生提供精彩的原案例,以此不断积累,形成课堂案例教学与实践案例编制的良性循环。

1.教师和学生的案例教学培训

案例教学是专业性很强的教学模式,需要教师和学生都对案例教学有清晰的认识,毅伟商学院持续进行的教师和学生案例教学培训,保证了案例教学模式的顺利推进。

教师在案例教学中起非常重要的作用,要使好的案例在教学中发挥应有的作用,教师首先需要具备扎实的相关理论知识、基本方法和娴熟的案例分析技巧,其次能够按照案例教学的客观规律,将相关的理论知识和能力培养借助案例这一特定介质有效地传递给学生,同时提高学生理论应用于实践的能力。培训活动有助于教师对案例教学内在规律的把握,内容主要包括如何根据教学目标与案例特点合理组织案例教学,具体包括对教学现场硬件环境的布置、教学计划的制订、课堂组织、课后总结与反馈以及各种特定情况下的变通策略。

学生是案例教学成果的最终体现者,为了调动学生学习兴趣,改善学习投入度,帮助学生尽快进入案例教学状态,顺利完成整个案例教学环节,对学生的案例教学培训是必不可少的。首先,让学生了解不同案例的结构,有助于尽快把握案例信息和要点;其次,启发学生融入案例教学全过程,运用所学知识分析判断并做出自己的决策;最后,学生需要学习撰写规范的案例分析报告和问题决策报告。

2.阶梯化案例教学

面对专硕的学生,品牌传播案例教学需要从最基本的传统模式开始,逐步探索具有专业特色的教学模式。加拿大毅伟商学院的"阶梯化模式"将案例学习分为个人准备、小组交流、课堂讨论、事后总结等四个既相互独立又相互联系的环节,实现教学相长、学学相长,使得各参与方的知识与能力水平都实现倍增效应。

个人准备阶段,学生首先需要明确案例类型和此次案例教学目的,是分析评价一个经典案例,还是需要对一个问题做出判断和决策;其次,寻找进行评价或做出决策所需的理论知识;最后,对这一案例做出评价和判断决策。

小组交流阶段,也是由学生在课前自由安排时间完成。小组每位成员,在讨论时提出自己的评价或者判断决策,学生不同的文化背景、知识结构和思维方式会带来相互之间的碰撞,在讨论中实现实体知识的互补和提高思考能力,这正是案例教学模式学学相长的魅力所在。

课堂讨论阶段。经过个人准备和小组交流,在课堂讨论阶段学生已经形成非常成熟的思考,对分析评价型案例能够运用所学理论知识条分缕析,对决策问题型案例也能提出解决方案,通过课堂的学生互动和师生互动,进一步深化理论学习和解决问题的能力。在讨论过程中,每位学生既是同学观点的接手和评价者,也是自我观点的提供者,思维的碰撞会让案例教学的课堂教学精彩纷呈。

总结阶段。学生经历前面三个阶段,最后需要对这个学习过程进行总结,提供详细的案例分析评价报告或者决策报告,总结自己的各个学习阶段的体会和收获,以助于巩固学习成果,不断改善案例教学效果。

3.互联网媒介环境下品牌传播的阶梯化案例教学模式

毅伟商学院的"阶梯化案例教学"非常适合传统"15～20页"的案例教学,统筹整合了个人的案例系统学习、小组的案例交流学习和课堂的集体互动学习,形成阶段性的线性学习模式。但在互联网媒介环境下,品牌传播的原案例资料非常丰富,个人学习阶段完成对整个案例的系统学习需要花费大量的时间。因此,为了提高案例学习的效率,适应互联网环境下的学习工作方式,个人系统学习与小组的交流学习阶段需要交织在一起:将品牌传播案例根据需要分为关键的几个部分,分别由小组成员分工学习,再通过过程中的交流讨论,让每个小组成员都对整个案例情境了然于胸,再由集体的智慧凝聚成小组的问题情境解决方案。最后,在课堂互动学习阶段,既呈现小组决策又能各自发表对问题和解决方案的看法。

三、小　结

在新闻传播学品牌传播方向专硕培养中,引入案例教学模式,符合新闻传播学人才培养需要和学生能力提高的自主需求。案例教学模式的引入,应该结合品牌传播方向兼具管理学和传播学知识体系和能力培养的特点,品牌传播专硕教育中教师和学生的角色特点,以及互联网媒介环境下品牌传播特点,积极借鉴哈佛大学和毅伟商学院成熟的案例教学法经验,吸收耶鲁大学创新性的原案例教学法,创建具有品牌传播方向特色的案例库和案例教学模式。

品牌传播方向专硕培养的案例库建设需要从学生能力培养的角度出发,建设不同类型的品牌传播案例,形成相应的案例内容和形态;在传统案例编写的基础上,积极建设基于互联网的品牌传播原案例;通过教师、研究生、专业案例创作人员以及业界专业人员的引入和培训,保证案例库建设的有效性和持续性。在案例库基础上的品牌传播教学模式,延续加拿大毅伟商学院的"阶梯化教学模式",并在个人学习和小组交流阶段进行互动交织,让信息爆炸时代的案例学习更高效全面。

参考文献

[1]刘刚.哈佛商学院案例教学作用机制及其启示[J].中国高教研究,2008(05):89—91.

[2]王玉东.案例教学:哈佛商学院 MBA 教育的基本特征[J].大学教育科学,2004(3):86—89.

[3]蔡建峰.谈加拿大毅伟商学院的一体化案例教学[J].学位与研究生教育,2005(6):50—53.

[4]Daniel Arias-Aranda. Simulating reality for teaching strategic management[J]. Innovations in Education & Teaching International,2007,44(3):273—286.

[5]Jain A K. Management Education and Case Method as a Pedagogy[J]. 2005:77—84

[6]王淑娟,胡芬.MBA 教育中的案例特色培养模式探索[J].学位与研究生教育,2014(4):33—37.

移动互联网时代手机 App 广告现状及分析

吴 璇 罗 萍

（厦门大学新闻传播学院，厦门，中国，361005）

———————————— 摘 要 ————————————

随着移动互联网的迅猛发展，人们对智能手机的依赖度超过 PC 电脑，随之而来的则是广告投放媒介的转变，越来越多的广告主从传统的渠道转向移动端投放广告。作为移动广告的一种，App 广告的商业价值和传播价值已经逐步被越来越多的广告公司和广告主所认知，文章试图从其发展现状、发展问题和发展前景及建议进行探析，期待能对 App 广告的发展起到参考作用。

关键词：App 广告；新媒体；现状；问题

当今社会，随着移动互联技术的日渐成熟，智能移动媒体飞速的发展成为行业和受众关注的热点。智能手机具有个人化、可追踪、实时在线、适合用户随身携带等其他终端、设备所无法比拟的优势，已经成为用户手中的移动信息中心、娱乐中心。发挥其功能的关键在于应用软件开发商为其开发丰富的移动 App 软件。众多企业纷纷意识到 App 广告的市场营销价值，期望借助 App 广告把握市场先机，了解用户需求及消费习惯，改善产品及用户体验，引导用户消费，作为新媒体，移动手机媒体的广告价值日益受到关注。在新的价值链中，移动手机是联系广告主和用户的纽带，目前，移动手机 App 广告的发展还处于起步阶段，关注国内外 App 广告的发展现状，探索其发展的方向及改进策略有助于更好地促进发展。

一、App 营销的特征

App 是英文 Application program 的简称，即客户端应用程序，包括 PC 及移动终端上即智能手机上的第三方应用程序。一般指手机软件，就是安装在手机上的软件，完善原始系统的不足与个性化。App 营销通过特制手机、社区、SNS 等平台上运行的应用程序来开展营销活动。

企业 App 通过 App STORE、安卓市场等线上平台，吸引大众下载，让消费者下载到个人的手机上，通过手机上的这些看似小小的应用程序，用户可以完成宣传、推广、选购、支付等一系列的操作。

App 营销依托于移动互联网进行，使用移动终端呈现、以 App（客户端应用）形式发布产品、活动或服务、品牌信息。相对于个人电脑，移动终端的出现确立自主的尺度，可在任意时间和地点进行自主阅看，自主订阅打破时空线性结构，确立新的人与媒体的互动关系。用户不必再输入特定网址，也不必调频，通过触摸方式即可进入。作为智能科技优秀代表，App 带来全新的媒体应用方式，营造了全新的媒体交互环境，全新的传播方式对营销方式产生新的影响。App 营销是电子商务在快速发展的潮流中必然的产物，和传统营销相比，不同的营销手段和媒介的效果必然不同，App 营销的特征有以下四个：

（1）信息传播方式不同。传统手机媒体以短信为主要的传播方式，这种方式让消费者被动接收信息。App 营销将产品信息植于应用制作，供用户主动下载，通过应用传播信息，且不受第三方电信公司的干预。

（2）传播内容不同。传统模式传播的是一些字面上的或者只有少量图片的信息，用户不能全面了解产品，这些信息的传递都需要企业和用户两者向电信运营商提供昂贵的资金。现代智能手机 App 中则包含丰富的图片、视频，用户可以全方位感受产品。

（3）用户行为差异。传统手机媒体是被动地接受信息，总在用户不知情的情况下，将营销信息强行推送给用户。这非常容易引发用户的逆反心理，App 营销由用户自主选择下载愿意接受的产品信息，达到更好的传播效果。

（4）传播周期不同。传统手机媒体中接收的短信形式的营销信息往往只在一瞬间打动消费者，使之产生购买欲望。这种营销方式的信息传播周期极其短暂。但是，基于智能手机 App 的营销模式则不同，用户下载了一款好的手机应用并对之产生好感，相当于拥有一个与之长期接触的渠道，这比单次告知性的传统手机媒体的营销手段的效果更长远。

二、手机 App 广告营销

手机 App 广告又称移动应用程序广告,指将广告主的促销信息或品牌信息投放到手机应用程序上的手机广告方式,它是将广告和智能手机等移动终端上的应用程序相结合的新型广告形式。通过这种广告形式,App 正借助自身优势逐渐取代传统的手机浏览器,成为新的移动广告平台。手机 App 广告较传统的广告形式更具优势:

(1)App 广告更精准、节约成本。App 广告是通过 App 的端口对已下载 App 的客户进行消息推送,对客户群体的把握更精准。在此类营销中,受众主动下载 App 应用的过程就是目标数据筛选的过程,是在筛选定位乃至精准定位的前提下,开展的营销过程。同时,App 广告的主要方式是通过消息推送的方式,相较于传统的线下推广宣传,也节约了宣传单等一大批物料成本和派发传单等人力成本。

(2)App 广告的宣传是主动的。App 的消息推动,在推动给客户后,客户可以主动选择时间查看,无论是无聊的时候,还是闲暇空余的时间。使得宣传时间主动随着客户的需求改变,而不是传统广告需要客户在指定的时间内等待企业进行宣传。化被动为主动,宣传也并不那么惹人反感。

(3)App 广告宣传方式更生动。App 营销既然是电子商务时代的产物,必然结合高科技时代的优势。产品的介绍更直接、专业。在这个小小的窗口里,客户可以主动了解需要的所有数据、图片,甚至是视频,再也不用销售员侃侃而谈背一大堆也许客户并不在乎的数据。

(4)App 广告有助于缩短营销周期。通过 App 广告,企业的促销活动会在几分钟之内就通知到用户的 App 上,促销的时间可以是几个小时,甚至是几分钟。例如秒杀活动的盛行,就是最成功的案例,成功缩短营销周期。

常见的 App 广告有以下六种形式——Banner 广告、启动屏广告、插屏广告、推荐墙、积分墙、视频广告。这些广告形式多样且新颖,互动性强,能通过投放到不同的 App 而直接抵达不同的目标细分受众,因此在初期颇受广告主青睐。

小小的手机屏幕上经常出现各种广告,对用户来说无疑是非常大的干扰,因此很多用户排斥手机屏幕上出现的广告,无视广告内容,广告的实际效果大打折扣。业界开始尝试在 App 内植入广告。

从各类主流 App 的情况看,在 App 中植入广告较受人们欢迎。目前,国内 App 站内植入原生广告主要有两种方式：信息流方式和结合用户行为植入广告的方式。跟传统移动广告相比，App 植入广告对运营者的最大优点是不影响用户体验感知，它强调与周围的产品内容有机融合，不打断用户与移动 App 的交互，还为用户提供更多有价值的信息或服务，维护并改善用户体验。

三、手机 App 广告的问题分析

随着移动通信技术和移动智能终端设备的不断发展，App 广告发展是必然的趋势，近年来，手机 App 在迅速发展中暴露出一些问题。

（1）广告主对 App 广告的重视不高，优质的 App 资源得不到充分的利用。这主要是 App 广告尚处于发展的初级阶段，传统企业对于 App 广告的意义认知不足，在其总体广告战略中考虑不足，相应的，企业投放于 App 广告的预算也相对较少。与此同时，真正优质的 App 资源较少，大部分 App 运营处于不盈利状态，为了抢占用户市场，改善用户的体验，这些优质的 App 也较不愿意采用植入式 App 广告的方式。

（2）优质的 App 相对较少。由于免费的 App 较多，用户下载频繁但删除也频繁，同类型的 App 之间竞争很激烈，为了争夺客户资源，很多 App 不惜花费巨资对客户进行"补贴"以培养用户的使用习惯。在这一争夺客户资源的战争中，很多 App 资源本身的不稳定性加剧。App 作为广告媒体本身较不稳定，这种不稳定性也影响 App 广告的效果以及广告主的投放决策。

（3）国内 App 广告中互动较少。App 广告互动性强，通过交互性的广告内容的设置达到更好的广告效果，及时得到客户的反馈甚至直接提高广告的转化率。但是，目前的 App 广告，由于创意的限制以及成本的限制，大多数广告主并不能保证广告的互动性，互动性不高导致广告受众流失严重。

（4）App 广告过分直白，引发受众的心理抗拒。在大众传播中，用户往往会有逆反心理，当他们原本坚定的立场、思维的惯性模式受到传播影响，便会从心理上产生抵制情绪。人们使用 App 的过程中，影响用户体验程序的 App 广告不但会增加用户对该程序的厌恶情绪，而且会直接引发人们对广告中产品的不满。因为受众是在被动消极地接受，而非主动选择这些广告。只有受众对某一广告有兴趣的时候才会去关注它，这时广告才可能对用户产生吸引力和劝导作用。

（5）国内移动终端的上网成本较高，用户出于成本考虑，不愿意点击 App

广告。国内移动终端上网按流量计费,而在未知所需流量大小的情况下,很多用户不愿意点击 App 广告,久而久之,对 App 广告产生本能的抵触。

四、手机 App 广告的发展的建议

由于手机 App 广告存在上述问题,为了让 App 广告健康持久的发展,应重点注意以下三个方面。

(一)实施精准的投放策略

移动手机终端的使用者是具有鲜明个性化特征和需求的个体,在使用这些手机终端的过程中会产生大量的数据,通过对用户手机使用行为的数据挖掘,可以精准地了解到用户的浏览习惯和兴趣爱好等信息,这些信息,对于广告主来说,有极其重要的意义。广告主在深入了解客户的内在需求、喜好、习惯等信息的基础上进行广告的投放,可以更精准地投放给广告的目标受众,减弱受众对广告的抵触心理,从而改善广告投放的效果。甚至,广告主可以根据手机终端使用者的特点进行个性化的广告投放。

(二)增强 App 广告的创意设计

广告是商业和艺术审美相结合的大众传播活动。广告创意是广告的灵魂,创意的广告可以大大增强广告的感染力,让人们过目不忘,能更好地说服人们购买其产品而非同类型的其他产品。增强 App 广告的创意设计主要是希望 App 广告能遵从"玩乐在其中"这一理念,将广告巧妙融入 App 程序中,让人们在休闲娱乐中认同广告产品。丰田专门为坐在后座的小孩设计了一款游戏,把现实的路途情况用虚拟的动画表现出来。当爸爸在开车的时候,孩子们只要打开这款 App,就会看到前方有一辆导航车,这便是爸爸在现实中开的车,紧紧跟随这辆车,便能获得相应的积分。这种将游戏与广告相结合的方式,让孩子们从小就能学习交通规则,也增强了丰田的亲切感。孩子们在长大后回想起跟爸爸一起美好的童年时光时,就会想到丰田。这种让受众在潜移默化中受广告影响的创意设计,受到人们的欢迎。

(三)增强 App 广告的互动性设计

如果需要创作出受用户欢迎的广告,需要考虑广告与用户的互动方式。App 广告使用与用户互动交流的形式会得到事半功倍的效果,会激发人们对

App广告的好感与认可度。星巴克的App广告将闹钟与人们去星巴克店里买早饭消费联系起来，让人们在享受App闹钟服务的同时参与营销过程中，充分调动人们起床的积极性，产生了良好的互动效果。

当然App广告的发展也有待于第三方广告效果监测体系的建立；电信运营商能够让资费更合理；有待于App开发商提供更成熟完善的技术服务；有待于我国相关政府机构加快制定符合移动广告的法规条例……相信在不久的将来，移动App广告将更为企业受重视，得到长足的发展。

参考文献

[1]劳尔森,漆晨曦.精确营销方法与案例[M].林清怡,译.北京:人民邮电出版社,2013:17.

[2]高杰.精准营销:客户交互价值评价、分类及其使能技术的应用研究[M].上海:上海财经大学出版社,2009:24.

[3]朱海松.第五媒体[M].广州:广东经济出版社,2005:15.

[4]李文静.中国移动互联网手机广告传播现状及营销策略研究[D].杭州:浙江大学,2012:37.

[5]朱学红.移动互联网用户消费行为意向研究[D].南京:南京邮电大学,2011:42.

从"广告"到"数字营销传播"的核心转向

谷　虹

（暨南大学新闻与传播学院，广州，中国，510632）

———————————————— 摘　要 ————————————————

　　对于企业的广告、品牌传播以及营销传播而言，第三代媒介数字网络并不仅仅是新的传播渠道或营销工具，而是意味着从本质理念到操作执行，再到主体运作的深层变革，是现代工业化以来形成的营销传播体系的彻底转向。本文详细分析理论和实务中，从"传统广告"到"数字营销传播"的十二个重要领域的转向。

关键词：广告；数字营销传播；理论转向

　　数字营销传播（Digital Marketing Communication，DMC）指以数字网络和多媒体互动终端为载体，以品牌的智能化再造为核心理念，以品牌关系的累积升级为终极目的，以满足任何消费者在任何时间，任何地点，任何有关品牌、产品和服务的信息需求为目的的营销传播活动及其过程。对传统广告和营销传播来说，这是一次从理论到实践的划时代革新。

一、本质转向：为厂商服务——为消费者服务

　　现代广告和营销传播是厂商付费进行的自利性宣传，它本质上是为厂商服务的，以厂商利益最大化为目的，厂商意志在营销活动中起决定性作用。

　　从根本上说，一切的行业都是服务业，都是为满足消费者的需求而获得生存和发展的空间。因此，营销传播的原点应该是为消费者服务，而非为厂商服务。数字网络时代的营销传播应该以随时随地满足消费者信息需求为指向，

更注重消费者的接触和使用体验，从消费者的生活轨迹和消费行为中深入探寻信息需求的真空点，在满足消费者信息需求的过程中为生产和消费的需求匹配提供帮助，为消除供需双方的信息隔阂提供支持。

二、理念转向：以消费者为中心──→与消费者做朋友

20世纪90年代以来，营销传播已经完成从以产品为中心向以消费者为中心的转向。然而，"以消费者为中心"事实上是"以消费者为靶心"，从消费者的视角重新解读营销传播的元素，不变的是依然由企业单方面掌控和整合信息。"以消费者为中心"就像"顾客就是上帝"这个口号一样，以表面上的毕恭毕敬掩盖事实上的不平等，以表面的你尊我卑掩盖事实上的我尊你卑。大品牌的营销传播理念给消费者的印象，让人不禁想到在香港购物的经历——香港的店员大多训练有素，无论是服务意识、服务态度还是服务水平，都可谓登峰造极，然而在他们职业化笑容背后却总让人感觉缺少发自内心的真诚和亲切。

真正的尊重表现为对等的地位和平等的对话，数字网络时代的营销传播应该摒弃中心论和尊卑论，提倡平等意识，把消费者当作朋友、伙伴甚至亲人。与消费者做朋友，不仅意味着把消费者还原为有血有肉有情感的人，也促使企业的生产者、服务者回归人性。

三、主角转向：企业、品牌、媒体──→消费者

现代广告和营销传播活动中的主角，无疑是大企业、大品牌和大众媒体。大企业领导层决定发展愿景和战略导向，品牌经理制定品牌管理和市场营销推广规划，这些来自企业的意图和声音，经过广告营销公司的创意包装，再借由报纸电视等大众媒体等传播渠道，被传达到千家万户。在整个过程中，消费者都是被动的接受者，没有任何控制权，更没有创造力。

在数字网络时代，消费者的自主性获得空前释放，他们成为主动的信息获取者，他们有权力选择接收什么信息，在什么时候接收，以什么方式接收，他们知道什么信息是留给自己，什么信息需要传播给他人。消费者不再只依赖来自广告的信息，对于他们感兴趣的信息，他们不会被动等待，他们会通过网络检索与自己相同的消费者正在使用什么样的产品，怎样评价产品……接下来，在购买后，他们有可能在博客、BBS上"发表"自己的评价。在 C to C（Consumer to Consumer)沟通时代,消费者的消费行为以及信息获取方式发生巨大变化,传统的营销传播模型已经无法适应新的媒体环境。

数字网络时代的营销传播,应该把更多的主导权放到用户手上,让用户来引发各种可能,而不是事事都得企业自己或营销传播公司来掌握、操作,避免将多样的可能性变成唯一性。品牌的意义、产品的意义、消费的意义,甚至一个行为、一次活动、一件事情的意义,都尝试让用户来赋予,而不是自己先入为主来赋予。消费者才是营销传播活动的主角,让消费者来主导,来驱动,来整合。

四、目标转向:促进销售——▶平衡供需

广告奠基人克劳德·霍普金斯在一个世纪之前就指出广告最原始的出发点就是促进销售,经过将近一百年的发展,为了促进销售现代广告和营销传播,已经发展出很多的技巧。然而,在这个出发点上,却没有太大的进步。尽管整合营销传播和整合品牌传播理论提出维系关系、建立信任等新的观点,然而维系关系、建立信任的最终目标,归根结底还是为了促进销售,只不过是为了长远的而非短期的销售。

对于企业来说,促进销售意味着利润增加,然而对于消费者来说,无节制的消费并不意味着幸福感和福利的增加。现代广告和营销传播已然变成拉动社会消费的动力引擎和制造商品符号的社会机器,甚至陷入追逐意义价值和身份差异的怪圈。正是因为广告对消费的强劲拉动,不少企业的营销推广费用已经大大超过研发投入,成为依靠营销驱动的企业。在产品几乎无任何改进的情况下,换个名称换个包装换个广告脸孔,新瓶装老酒,又是一个新产品出炉。在现代广告和营销传播策划中,把一万五的表卖成十五万就意味着成功,然而这依靠广告砸出来的十几万几乎不会给社会增加任何实质性的财富。

如果把营销传播的目标收缩在平衡供需,而不是人为地制造差异,那情况也许会简单许多。并不是所有的企业都需要那么大的市场规模,并不是所有商品都必须成为消费大热门才能存在,也并非所有的产品到最后都必须通过符号意义的方式才能区分。人的需求以及技术的进步是无止境的,小众市场、个性化商品对应亿万中小企业的产品。为这些中小企业和小众商品找到需求匹配的消费市场,成为数字营销传播最重要的目标。从这个意义上说,传统广告和营销传播的结果是形成大众市场和制造大热门商品,数字营销传播的结果是为小众商品找到规模相适、需求匹配的小众市场。数字网络时代的营销

传播追求的不是市场规模，而是市场质量，其目标是减少供需双方的信息不对称，实现信息平衡，是回归营销传播信息本质的可持续发展模式。

五、心态转向：强势控制——→聆听对话

对于习惯于通过大众媒体进行营销推广的大企业来说，"局面正在失去控制"正是他们当下最深切的感受。数字网络媒介改变的不仅仅是营销传播的媒介环境和工具，更重要的是塑造了一个作为群体的消费者并赋予消费者前所未有的与大企业相抗衡的权力。当消费者可以随时随地地主动搜寻商品信息并指导消费决策，当消费者可以随心所欲地与他人互动并表达意见，这不仅仅重新定义消费者获得信息的方式以及他们与品牌交互的方式，更重要的是这些行为将会永久地改变消费者与企业之间的互动关系。

力量的逆转正在改变营销传播的游戏规则，企业们要适应规则的改变，前提是心态的转变。从习惯于说到习惯于听，从强势灌输到互动沟通，从封锁控制到聆听对话，放下身段，放低姿态，深入消费者、用户的心灵空间和舆论圈子，打造价值共享的共同体。

在数字网络新媒介环境下做品牌，应先关注，在互联网的平台上，能否在品牌和消费者之间建立起平等的对话机制。因为消费者可以挖掘出任何的瑕疵，所以企业能做的就是老老实实做产品做品牌。在新产品设计之时，广泛地征询消费者的意见。在样品推出之时，邀请消费者参与测评。在产品上市之时，倾听消费者的使用反馈、改进意见。在品牌推广中，顺势而为，而不是自己刻意制造热点。在消费者质疑之时，不是置之不理而是耐心倾听妥善解决。在遭遇危机事件时，不是只在大众媒体上发声明，开记者招待会，而是通过社会化媒体与消费者真诚沟通，以求谅解。

2013年的电影《铁娘子：坚固柔情》中展现经典动人的一幕：惊心动魄17天的马岛战争中，撒切尔夫人面对巨大压力，她在舌战群儒坚持战争立场的同时，以妻子和母亲的身份亲自给前线将士和家属一一写信。遭遇产品质量危机的大企业家们，应该学习铁娘子的这种胸襟、气度和智慧。

六、重心转向：重度轰炸——→轻度互动

营销传播的操作频率正在发生改变。传统广告是一个认知的过程，消费者对传统的广告信息一般不愿意接收，接收得很慢，一旦接收了会在心里深深

扎根。因此,过去电视媒体为主的时代,一条广告语、一个大创意、一个大型活动可以支撑全年的营销效果。但数字网络时代,互联网上那些所谓病毒信息传播势头很猛,但持续的时间很短,多则几个月,少则几天就没有人关注了。因此,一个核心品牌概念往往需要更有弹性的以更多游击战的方式来支撑,当小战役得到意外回响时,更要乘胜追击。

数字网络时代的营销传播重心,应该从阶段性、集中式的重度轰炸转向长期、持续、全方位的轻度互动转变,追求细水长流式的渗透效果,更耐心细致,更注重积累。从刻意追求大创意的眼球效应和短期知名度,到营造沉浸式品牌体验,调动消费者深度参与。

(一)大部分投入用在基于轻度互动的"永远在线"策略上

品牌与消费者建立关系的方式就如同人与人之间建立关系的方式,通过足够的时间,来积累许多细微轻度的交流互动。花足够的时间,利用许许多多细微轻度的互动与单个消费者建立关系。品牌与消费者不可能一夜之间变成很亲密的朋友,而是需要借助于时间,通过许多的轻度互动交流,帮助双方建立真正的友谊。通过足够的时间,利用许多细微轻度的互动与品牌建立深厚的情感联结。

总是在谈话中不经意间谈及产品或品牌。企业常常希望人们在谈及自己的品牌时足够深刻,能提及精心规划的品牌的各项专有属性或产品优势,但事实常常不如所愿,人们在自己的朋友圈子中通常不会这样谈论品牌。人们本来是在聊天,谈论其他事情的,不经意的品牌话题会突然出现且快速消失。这类的对话经常发生,品牌是对话中的一部分,品牌认知通过顺带的一句对话而建立起来。因此,企业应该积极融入这种对话,但要遵守社交规则。社交媒体上有关品牌的对话常常是无组织或者松散的,由网友根据不成文的规则自行管理。企业当然也可以加入,对讨论施加影响,但前提是其他参与者接纳。

"干扰并引起注意"是传统广告和营销传播的主要方式,已经走向没落,在充斥许多信息的世界中,唯一成功的方法就是见缝插针、悄无声息地将信息植入日常生活中。企业和品牌仍然可以向消费者介绍新的内容和新的想法,但要用温和的方式,大不了被忽视,但太激进可能激怒对方。最好的广告方法是通过人们的朋友圈传递,因为在这个拥有太多信息和太多选择的世界里,人们往往会向朋友咨询意见,然后再做决定。数字网络正在围绕"人"重新打造,人才是未来网络的主角,而非内容。

基于轻度互动细节的"永远在线"策略。过于刻意的、重度的品牌内容——产品画面、标题、图标、Logo——在我们的身边到处都是,它们并不会使人们与品牌产生互动和缔结关系,因为它们与我们的日常生活习惯不符。在数字网络时代的营销传播中,要建立深层次的、渗透性强的、轻度的消费者体验。我们和任何事物建立关系都要通过长时间的、许许多多的、细微轻度的互动,广告也应该采取相同的方式。我们与现实生活中的朋友之间的关系是时时连线的,我们与现实生活中的品牌也应该是时时关联的,广告必须和这一切保持一致。

传统广告和营销传播时代,每个人都在寻找一个大创意,寻找一个英雄式的电视广告片,视觉上、听觉上和动作上要足够惊爆,最好是性感之极的画面。数字网络时代,与消费者的细微轻度互动可以构成一块惊人的创意画布,这块画布可以让你改变讲故事的方式,不需要一次性地将所有的事情都道出来,而是真正进行人与人之间的对话,以相互信任为基础,这就如同润物细无声。这块画布不比大视野、大声效和大动作的画布差,它是完全不同的。追求创造力的企业应该为个人提供难以想象的体验,而不是像电视一样大量地传播讯息。

(二)小部分的投入用在较少的重度互动上

通过足够的时间,积累许许多多细微轻度的互动而建立起关系之后,消费者就深深地与品牌缔结情感上的联系,这时,刻意的、重度的互动才有一席之位。正如细水长流的日常生活中,为了特殊的日子,为了我们所爱的人,我们还是会做一些比较刻意的事情,我们会愿意多花一份工夫,为了讨得她/他的欢心,这也同样适用于品牌。一旦你已经通过许多轻度的互动与目标对象建立深层次的情感关系,你就可以刻意地去向他们介绍别的东西。然而,这种重度互动还是要严格控制频率,否则惊喜就会变成厌烦甚至反感。

七、传播转向:一次单向输出──→多次循环反哺

靠一句惊艳的广告语或者一条令人印象深刻的电视广告维系品牌与用户之间关系的时代已经一去不复返,数字网络时代,营销传播人员需要不断追踪发出的每条信息引起的反响,找出过程中多次传播的机会。从静态、固化、大规模、同质化的点对面单向传播,转向动态、实时、互动、快接触、全覆盖的循环传播,利用消费者创造的信息进行反哺。

（一）传播渠道的变化

从前，营销信息的传播由清晰的战略规划来统领，是面向目标受众有计划进行的一次性单向输出，消费者被动接受，基本上没有二次传播。数字网络时代，消费者从原先被动的受众变成主动的传播者，信息传播成为实时、互动的多次循环反哺。社会关系网络中的"人"才是品牌最重要的传播渠道。

（二）传播能力的变化

要实现高效的传播，单靠过去那种战略规划的能力是不够的，必须具备快速反应和实现互动的能力，能够把不利的局面扭转到对自己有利、能够吸引消费者主动参与交流的对话。从信息广而告之、接受、反应，到寻求建立直接面向消费者的能力的对话交流互动扩散。

（三）传播类型的变化

从以强势媒体为中心的自上而下的完全自主型的大众传播，转变为去中心化的自下而上的自发型的人际传播、群体传播。

（四）传播人群的变化

从大众传媒时代把时间花在寻找目标人群，把钱花在对他们的营销上，转变为创建社群，将工作重心放在与交互度高、态度积极的消费者群体的协作上来，所有的营销传播都以社群为中心，营造品牌社区的氛围，大批的追随者会成为义务的推广员。

（五）传播任务的变化

从通过有限的传播与外界形成有限的沟通和关系，转变为通过无限的传播与外界形成无限的沟通的关系。从侧重扩大覆盖面、市场规模和知名度，到更重视对既有顾客价值的深度挖掘，重视市场质量，重视相关度。

八、品牌转向：预设的无差别品牌形象——
可塑的有差别品牌体验

整合营销传播理论强调从战略高度整合所有的营销传播活动，即统一形象（包括标识等有形形象和商誉等无形形象）、统一声音、统一价值主张等，然后通过与顾客及相关利益者的一切接触点的传播渠道传达给消费者,希望在消费者心目中建立起与预设一致的无差别的品牌形象。

数字网络时代,统一的品牌形象不再那么必要,或者说要想在所有消费者心目中建立无差别的品牌形象变得越来越难,预设的无差别品牌形象让位于可塑的有差别品牌体验。形象式的品牌广告更多是使消费者泛起感觉。品牌互动性交流与沟通就是使消费者个人介入个性化的品牌体验中,使品牌传播从利益驱动的服务向可回忆的个性化的体验发展,为每一位消费者带来独一无二的价值。

（一）让品牌成为开放的 API①

品牌不再只是形象,不再只是想法,而是一个平台。最成功的品牌越来越拥有开放的架构,不仅仅允许消费者积极参与,更鼓励消费者积极参与。传统理论是从消费者的现有心理中找一个感受差异点,以所谓诉求上的不同来构建品牌。数字网络时代的营销传播,通过技术的改造和创造,达成品牌信息集成模式的重组,让消费者积极参与品牌的塑造甚至改造中来,创造一个"永远活着的"的品牌。

（二）从大创意到沉浸式品牌体验

过去,广告营销人员绞尽脑汁力求想出"大创意"（big idea）,或者推崇大人物的明星效应,他们可以通过大笔电视广告开支来验证这些想法。这不无道理,因为电视以前是、现在仍然是非常高效的营销传播媒体。你可以制作一段 30 秒长的精彩广告,然后投放到电视上,即可在短短几天内覆盖数百万的潜在客户。在不久的将来,这可能变得徒劳无益之举,因为所有那些电视广告开支只会促使消费者到网上搜寻更多的信息,这些消费者可能会被竞争对手重新锁定。于是,许多顶级品牌已不大刻意去追求知名度,转而营造沉浸式品牌体验,调动消费者来参与。典例的案例如耐克公司启动的"Nike＋"计划,该计划设定了一个完整的生态系统,将可以密切监视消费者锻炼活动的运动腕带植入篮球鞋中、可以记录跳得多高的设备,可以与苹果 iPod 和微软 Kinect 平台联系的接口,帮助消费者跟踪自己的训练计划。消费者甚至可以把个人

---

① API（Application Programming Interface,应用编程接口）其实就是操作系统留给应用程序的一个调用接口,应用程序通过调用操作系统的 API 而使操作系统去执行应用程序的命令（动作）。

资料与好友的联系起来,相互比试训练效果。未来的营销传播将彻底摒弃单向传播,信奉真正的价值交换:消费者与品牌不断互动,消费者希望获得的绝不仅仅是个空洞的口号或者华丽的影像,而是有自己参与印记的个人体验式品牌。

在传统作业过程中,广告创意是在广告公司内部由专门的部门——创意部,由专职人员——创意总监、美术指导、文案、设计等,在封闭的环境固定的时间内,以独立创作的方式一次性开发完成。从创意概念的发想、完善,到创意作品的设计、润饰,再到后期制作的完成,每个环节都是创作人员、制作人员自主意识的倾注和表达,整个过程耗费巨大的人力物力,用高成本换取美轮美奂的效果。广告作品一旦完成,就是完整的成品,不容修改也不容出错,后续的工作就是把制作好的统一的作品投放到不同的媒体渠道。消费者真正与广告接触只有在广告作品创作前的调研中以及发布后的效果评估中,广告的整个创作过程中,消费者是完全被隔离的,广告创作只是创意人挥洒灵感的舞台。创意大师就像广告界的明星,国内外广告节的奖项为创意人戴上耀眼的光环,创意能力也成为传统广告公司的核心竞争力之一。

在数字网络时代的营销传播中,创意生产的方式将发生很大的转变:从独立封闭式生产到对等协作的开放式社会化生产,从完成品到半成品。

把创意的主动权交到消费者手上,让消费者接过接力棒,挖掘品牌和创意的无限可能性。这种做法无疑是最明智的。社交媒体瓦解了营销创意的生命周期。传统媒体时代,一个好的创意可以用好几年,在社交媒体上,一个好的创意在几个小时之后,就可能消失殆尽。企业对于消费者的洞察和趣味把握越来越难,与其让创意人员绞尽脑汁疲于奔命地追赶网络流行趋势,不如以开放的心态邀请消费者一同参与,以群众的智慧反哺群众的需求。

开放的、敏捷的、迭代开发的社会化创意生产,意味着专业的创意人员只需做一半工作,这个创意半成品会具体和每个消费者的认知、体验以及创造性相结合,形成一个个独立的、完整的个性化创意作品。对于消费者而言,创意此时变成互动的环节,可以主动参与的过程,激动人心的富有成就感的品牌体验。

营销传播人员要从创意的生产者转变成创意生产的组织者,起到组织、引导和推动的作用。最艰苦的工作不是推出前,而是推出后,要花费大量的时间和人力,以分享和再创造为主要工作,让推广成为和消费者共同参与的游戏,消费者是营销过程中的玩家和创造者。由于很多东西由消费者协助完成甚至主动发起的,有很多消费者创造的部分,因此,会有很多不可预知的事情发生,而这种无限的可能性正是创意的本质。

创意众包的社会化生产模式,低成本高收益。低成本在于它不像传统广告创意制作的每个环节都要聘请专业人员专业公司利用专业设备完成,而是利用消费者主动无偿贡献的智慧和劳动力。高收益在于这种创意作品具有传染性和可塑性,会通过消费者自己的社会关系网络快速传播开去,在朋友圈的亚文化里具有良好的适应性。更重要的是,这是消费者自己的作品,让他们感到骄傲、自豪。

九、媒介转向:信息的渠道──►社会关系的载体

从传统的大众媒介(如报刊、广播、电视)到数字网络新媒介(如 PC 互联网、移动互联网)的转向,媒介不仅是渠道、信息,还是社会关系。

技术的进步让网络和终端变得无处不在,这意味着品牌与消费者的接触点前所未有的增多。这一变化的深层意义在于媒介作为渠道不再是稀缺资源,营销传播购买的不再是媒体,而是受众本身。传统营销中我们反复购买媒体资源来集合同类受众,在数字网络时代,我们能够与这些受众创建关系,这样以后就能以低成本接触他们。因为 PC 互联网、移动互联网等媒介,不仅是投放广告的战场、传播的通道,也是对话空间,可以和用户建立起长期的、深层次的关系,寻求默契和共振。

广告媒介策略,从购买广告位、时段等资源,到购买用户、消费者;从枯燥的、事务性操作的"投放",到以消费者的接触行为为依托的充满创意和想象力的"应用";从策略导向──认为内容即广告,一切基于用户洞察赋予品牌相关的价值再配套相关媒介,到互动导向──认为行为即需求,一切基于用户媒体接触行为提供相关内容来实现互动。

十、评估转向:消费者规模──►消费者质量

传统营销传播重视消费者的数量和市场的规模,以媒体可以覆盖的受众数量为营销效果的评估标准。这是一种技术限定条件下的粗放评估模式。

事实上,媒体受众群体的规模与价值并不直接相关。数字网络时代,技术赋予了营销传播更精确触达价值层面的评估标准。

20/80 定律表明,为企业带来 80% 利润的是那 20% 的重度消费者。营销传播效果的好坏,应该更精确地评估对那 20% 重度用户的触达程度。

规模覆盖只是浅层接触,并不意味这对消费心理和消费行为产生必然影响。数字网络新媒介赋予了企业与消费者互动的可能性,经常与品牌互动的消费者往往是品牌的忠诚用户、重度消费者以及最有价值的用户。因此,互动应该成为营销传播评估的重要指标之一。

传统营销传播的规模导向只适用于传统大众市场产品成熟期的主力用户的评估,它忽视用户之间的相互影响和传播。对于企业的市场开拓而言,用户群体的价值更多地取决于该用户群影响力的高低,产品市场导入期的创新用户和成长期的早期用户对市场其他用户(包括早期及后期主力用户、后知后觉用户)的影响力很大,集中资源说服他们,远比投入大量金钱和时间锁定其他用户群体价值大得多。只有在产品被那些愿意尝试新事物的用户接受并通过社会化媒体进行广泛传播之后,产品才得以大量的销售。因此,基于消费者价值的精确评估是数字网络时代营销传播的大转向。

十一、企业管理转向:高度集权——→员工授权

传统广告和营销传播的运作周期较长,用于企业决策以及与广告营销公司沟通的时间也相对宽裕,因此可以采取层层上报、层层审批,最后领导拍板的管理流程。数字网络时代,网络热点稍瞬即逝,舆情危机刻不容缓,营销传播必须具备灵活决策、快速反应的能力。这就需要企业内部管理进行重大调整,从高度集权到广泛向员工授权,以开放的姿态最大限度地利用内部人力资源,与消费者达成深度互动,建立紧密关联。

(一)企业管理的内部角色变化:内部社会化模式

打造值得信赖且对下属寄予厚望的创意型环境。从控制思维,到开放思维。让员工具有更高的自主权和决策权,能够随时根据市场和传播环境的变化做出快速反应和决策,使他们成为高度灵活且足智多谋的个体,让他们变得像领导、像管理者一样积极主动而充满创意。建设内部社交系统,取代闭塞的资料库和僵化的人力资源培训,提倡随时随地动态分享,员工知识的分享成为最高优先级。强化团队的社会化协作意识。用微信的小组或者QQ的讨论组召集不同项目组人员进行讨论,优点是灵活性强。用邮件传送文件,商榷事情,优点是有记录,利于查询。用QQ群满足日常交流。开团队博客,优点是帮助团队成长。Skype或YY语音用于会议讨论。Dropbox的云储存,写工作笔记,写内部博客都是好的尝试。

（二）企业营销传播及品牌管理团队的外部角色变化：外部社会化模式

打造面向外部的社会化协作组织，将品牌展示行为拆分成一系列让人们展示自我的社会化协作，让大家竞争上岗，将品牌的常规动作变为众包式的秀场。

企业的营销传播及品牌管理团队，从传播策略的主导者向对话平台的构建者、管理者转变。团队人员应该积极投身到与消费者接触、互动的第一线，而不是全盘委托广告公司，自己只充当审核者和监控者的角色。团队人员应该在无处不在的社会化对话中，从追求 30 秒的大创意以及猜测什么广告能和潜在的顾客产生共鸣，到认真聆听、参与、回应潜在与现有顾客的需求；从直接参与、指导创意和策划，到充当创意的发动者、引导者、整合者的角色转变，成为消费者社群的推动者、促进者、协调者，成为游戏规则的制订者、把控者，而不是试图控制社区，更不是试图控制用户的指挥者。

在这个任何人都有发言权的数字网络时代，企业最应该做的，就是老老实实做产品，做服务，不忽视任何一个和消费直接接触的"窗口"——企业的一线服务人员。什么是品牌体验？一线人员的形象、态度以及服务水平，就是消费者与品牌接触的最真切体验。此外，企业还可以向员工广泛而充分地授权，让他们充当企业和品牌的"信任代理"角色，通过他们自己的社会关系网络，将产品、服务以及品牌信息自然而生动地传递出去。企业员工作为品牌的"信任代理"，不是直接的品牌传播者，不会无休止地在自己的社交圈子推介自己服务的公司或产品，而是播下品牌的种子，等待它在人们的意识里自然成长。他们并不强求每个人都会成为自己的用户，而且也不需要给每个人都留下好印象。他们不会以传教士般的热情来一味地传播品牌，事实上他们在日常言谈的轻描淡写中，通过社交圈子缓慢发酵，等待信息自动传播。他们不用语言去表达自己对品牌的喜爱，甚至压根就不需要用语言来示爱，他们将品牌精神融合在自己的日常生活当中。

只有变才是永恒不变的主题

——中国广告传播业的解构与建构

黄 伟

(上海擅美广告有限公司,上海,中国,200235)

———————————————— 摘 要 ————————————————

王健林和马云之争引发万达的转型和阿里巴巴业务的拓展,其蝴蝶效应导致国内商业格局与传媒形式的剧烈变化。面对变化的复杂市场趋势,传媒业应积极拥抱变化,转变营销模式,使用大数据营销,成为新媒体代理。

关键词:中国经济;转型升级;蝴蝶效应;移动互联;大数据营销

三年前"2012年中国经济年度人物"的颁奖现场上,万达集团董事长王健林和阿里巴巴集团董事会主席马云设下一个亿元赌局,赌的是十年后电商是否能在零售市场份额过半。两人谁赢成为坊间津津乐道的话题。随着阿里巴巴和万达的相继上市,王健林表态称当时打赌只是开玩笑,活跃现场气氛,赌局就此作罢。不管这个赌约还履不履行,王健林和马云两位商业奇才这个劲儿可就较上了。一方面,马云对线下商场零售业务虎视眈眈;另一方面,王健林对线上电子商务业务望眼欲穿。双方的态度其实都是策略,实际上你往我的领域里钻,我往你的业务里切。

一、国内商业格局与传媒形式在变化

三年过去了,关于电商的赌约已成历史,随着万达的转型和阿里巴巴业务的拓展,两人都成功进入对方的领域,线上和线下的竞争势不可挡。万达电商项目"万汇网"上线,把万达商场、院线、酒店、度假区等旗下所有业态打包上网,跨出进军电商的第一步。2014年8月29日,万达联手腾讯和百度宣布在香港注册成立电子商务公司,一期总投资额 50 亿元,被戏称"玩淘宝""腾百万"。万达在互联网金融领域也加快步伐,于去年 12 月收购"快钱支付"公司。

阿里巴巴的转型几乎与万达同步,马云在对赌后猛攻线下业务,支付宝发起覆盖超市、便利店、餐饮的"支付宝支付全场五折"活动,直接打击线下收单的银联 POS 机收款业务。阿里巴巴旗下"快的打车"和腾讯的"滴滴打车"混战数月,最终在情人节宣布战略合并。2015 年,阿里进军汽车制造业,宣布和上汽合作生产第一辆互联网汽车。

由一句豪赌而引发的蝴蝶效应,促使国内商业格局与传媒形式发生剧烈变化,众多传统企业纷纷转型及拓展新业务。王健林曾在商业论坛中提到,万达的商业、文旅、金融、电商要在 2020 年形成基本相当的四大版块,彻底实现转型升级。王健林称:"转型是企业永恒的话题,你看 30 年前的榜单上的公司到现在还不到 20%,也许再过 20 年,50 年前的 500 强也许就剩下 10 家,如果一成不变就会从榜单上消失。"

经历 20 年经济的快速增长,中国商业领域目前发生大巨变。中国已成为全球第二大经济体,全球化进程取得阶段性的成绩,以联想、华为等为代表的企业走向世界,以微信、小米等为代表的"互联网+"企业开发的工具、游戏和电商也正在快速地获得海外市场份额,产品越来越有国际竞争力。同时,人口红利的减弱将影响经济发展,目前我国老年人口已经达到 2.12 亿,占总人口的 15.5%,到 2050 年要占到总人口的三分之一。随着 GDP 经济增速的放缓和人口红利的优势衰减,一线、二线城市的经济回落显著,国内很多消费潜力还没被充分释放。另外,三驾马车中的代工出口业遭遇疲软。

二、大环境在变,营销传播广告业必然转型

人类整体社会行为在移动互联网的时代正在发生改变,消费者的社交、购物、支付等习惯正在改变,货币的流通更快速、便捷,这将进一步推动金融服务和电子商务行业的发展。随着碎片化的社会化营销需求规模不断扩大,移动广告比 PC 端广告的互动效果更明显,其标准化和规模化的优势正在凸显,它正在蚕食传统互联网广告的份额。

国务院在今年印发《促进大数据发展行动纲要》,这将推进国家政府数据统一开放平台,逐步实现交通、医疗、卫生等政府数据集向社会开放,行业数据融合,这势必催生新价值,带来新的一轮机遇。

大数据和精准营销,虽不是一个新概念,但各类技术公司的发展和平台的

出现,使企业的数据采集、整理、挖掘变得更便捷。大数据的运用使从产品研发到市场营销的各项环节的效率更高。在大数据的应用下,移动互联网技术、物流平台、互联网金融等正在重新构建每个人的生活。

针对新趋势来重新定义"广告"和"创意",打造高效的营销渠道,这是每个品牌甲方和乙方都在思考的问题。

根据数据显示,2015 年上半年传统广告市场下降 5.9％,这是中国传统媒体广告市场首次同期下滑。整体电视广告整体下降 3.4％,时段资源少了一成,报纸广告上半年下滑 32.1％,杂志广告减少 15.9％,电台和户外的收入分别下降 2.9％和 1.1％。传统媒体 2016 年的下滑将会继续,从目前行业的现状来看,虽然所有的传统媒体都在向新媒体积极转型,但购买广告时段和板块的传统模式都在被其他行销模式代替,包括公关事件、口碑营销、烧钱反馈用户等模式。

面对如此变化的复杂市场和媒体,国际 4A 虽然在中国依然拥有良好的口碑和强大的影响力,但其原来专业而庞大的服务体系也面临巨大挑战,很多本土代理公司更能灵活地适应这个多变的市场,都在向新媒体代理积极转型。在未来,中国本土代理公司会获得更多的市场份额,激进成长的互联网企业也将代替原有传统企业,成为代理公司最依赖的甲方。比如,天猫和京东的商业大战,耗资巨大,但即使有如此大的基数,他们未来每年的广告投放也都将持续增长,在整体广告市场增长缓慢的情况下,"互联网＋"的甲方份额正在跨越增长,相信明年依然会继续。

结　论

在一个剧烈变化的时代,在一个既往经验都难以依傍的时代,商业的整体格局和广告的内容—传播—接受方式,都发生变动,我们应站在时代的前沿,站在甲方的前沿,针对新的问题解决方案。只有变才是永恒不变的主题,虽然寒冬已临,昔日风光的广告业正在被其他新兴技术行业所取代,但我们相信,在 2016 年只要求新求变,广告传播行业依然会充满无限商机。

参考文献

界面.赌局已过三年,王建林和马云之争如何了?〔EB/OL〕.http://www.jiemian.com/article/289680.html.

如何借助大数据营销
实现互联网＋的转型
——论数字营销在互联网＋环境下的生存与发展

郭 炜

（杭州慕尚科技有限公司，杭州，中国，100037）

——— 摘 要 ———

当前，互联网化已经深入数字营销行业的骨髓。未来的数字营销行业将深入互联网化，逐渐自其内部开始重组迭代，实现对原有营销体系的扬弃，带动传统企业不断将互联网的模式应用于营销、渠道、产品、运营等商务活动之中。对于企业来说，面对互联网化浪潮，要抓住转型关键环节，既要准确理解其内涵，也要把握好主次。在互联网化趋势下，营销成为企业变革的第一环节，其次才是渠道、产品和运营。在实体经济与虚拟经济加速融合的今天，企业的互联网化需要从营销开始。在这一变革过程中，数字营销将经历替换、优化和创新三大变革的洗礼，逐渐发展出独具特色的行业景象。

关键词：数字营销；互联网＋转型；大数据

引 言

在数字经济时代，传统企业实现数字化时，必须把数字营销作为重要的方面，变革原有的营销思想、模式和策略，探索使用新的营销方式。与数字管理、生产制造一道，数字营销作为热点，将成为数字企业的重要组成部分。一般来说，在充分竞争的市场上，企业只能得到正常利润，想获得超额利润，必须创新。从经济学讲，创新不仅包括技术创新，也包括营销创新，其中，数字营销就是创新的典型事物。

数字营销不仅仅是技术手段的革命，更包含深层的观念革命。数字营销是目标营销、直接营销、分散营销、客户导向营销、双向互动营销、远程或全球营销、虚拟营销、无纸化交易、客户参与式营销的综合。数字营销赋予营销组合以新的内涵，其功能主要有信息交换、网上购买、网上出版、电子货币、网上广告、企业公关，是数字经济时代企业的主要营销方式和发展趋势。

商业营销需要新招式，企业按常规营销，通常是厂家按自己的主观想象，先将同一种产品制造出成千上万件，再一级一级批发到各地商场。有许多产品并不符合消费者的需要，结果是经常可以看到"大降价""大拍卖"之类的广告，这不仅严重影响企业的经济效益，影响企业的生存和发展，降低企业的投资回报率和盈利能力。

数字营销就是为解决这个问题而提出的新营销模式，是从防伪查询基础上诞生的新营销方法，要说数字营销需要先从产品防伪说起。防伪技术会产生质的飞跃，这个质的飞跃就是数字营销。防伪技术的查询率达到95％以上时就可以解决企业营销中的信息不对称问题，这就是数字营销。数字营销就是随时随地掌握企业产品市场营销的统计和信息反馈管理工作，让产品销售信息为企业的生产管理提供准确的依据，让企业随着产品销售的市场风向标及时调整企业这个航船风帆的方向，向效益最大化的目标前进！数字营销是企业最好的市场谍报员，是企业管理的军师和师爷。本文结合社会化媒体发展特征以及大数据时代营销需求，分析数字营销在互联网＋环境下的生存与发展。

一、关于数字营销

（一）数字营销的定义

数字营销指企业为了促进产品销售而利用计算机、通信、网络、人工智能等技术，对营销对象和营销行为展开的一系列活动，如调查、宣传、策划、包装、企业经营理念传播、公众消费趋势的引导、推销和促销。该营销理念以管理科学学派和决策理论学派的理论为基础，采纳这两个学派的决策模式、模型与方法，在吸收系统科学的思想与方法和行为科学中关于个人与组织行为的思想与观点的基础上，充分运用计算机、通信、网络、人工智能等领域的各种最新技术来解决现实营销问题。将现代化营销思想、营销方法、营销技术、营销手段充分加以数字化，全面提高营销的效益和效率。

数字营销要求企业以营销活动为对象进行数字化、网络化、可视化、智能化的信息集成、应用与共享系统建设，它将企业各部门、各区域（甚至商务伙伴）的信息通过数字化、标准化、计算机处理和网络传输，最大限度地继承和利用各类信息源，构成完整的营销信息模型，以便于彼此间通过网络这一信息高速公路相互查询、协作、共建共享，避免信息源、知识源的浪费和低水平重复，提高营销活动的效益和效率，带动企业的全面、高速度、可持续发展。

（二）数字营销的特点及发展现状

1.数字营销的特点

（1）营销活动的定量化。定量化表现为通过应用模型化和定量化的营销技术来解决营销问题，如数据库的建立、商务网站的建立、商务信息的自动搜索、客户关系管理中的规范化客户服务。规范化客户服务将原本基于销售人员个体行为的客户服务产品化、制度化。

（2）营销活动的智能化。数字营销集成地应用许多高科技的营销管理手段和工具，数字化的营销系统具有分析和模拟人脑信息处理和思维过程的能力，即人工智能，如网络营销中的智能化推销。智能化推销指企业利用客户管理数据库和当代信息技术来展开的一系列针对客户和市场个体兴趣爱好的推销活动，又称数据库营销、一对一营销或客户化营销。假设你登录过亚马逊网站并购买过一本书，从那以后，你可能经常会收到亚马逊发来的新书介绍邮件，这就是智能化推销的典范。

（3）营销活动的综合性。综合性表现在数字营销强调综合应用多种学科的方法，除了需要管理学、营销学、经济学、数学、统计学、信息论、系统论和计算机知识、网络知识外，随具体研究对象的不同还会使用到行为科学、社会学、会计学、物理学、化学、控制论及各种专门的专业技术知识。

（4）营销活动的集成性。集成指将各种传统营销和网络营销方法精华部分集中组合在一起，融合创造性的思维等智力因素，以实现营销系统的功能的集成和技术的集成。

（5）营销活动的动态性。动态性要求营销者在数字营销的过程中，随着内外部情况的变化而不断补充和修改数字化的信息输入，求出新的数字化的最优信息输出，不断应环境的要求调整企业营销策略。

（6）营销活动的系统性。系统性指数字营销应根据系统观点研究各种功能关系和营销技术关系。如商务网站＋移动终端＋电话呼叫中的现代商务运作模式，可以动态地掌握企业外部经营活动状况、沟通市场信息，已经成为当代企业市场营销和管理的重要手段。

2.数字营销在中国的发展

数字营销产业最早被认为是广告营销的内容。大型国际广告公司中的BBDO、智威汤逊、李奥贝纳、麦肯广告都提供类似的服务，但不是主营业务。国内引入开展数字营销的外资企业比较出名的有赛美特传媒公司、优客广告以及日本博报堂。

2013年，中国网络广告市场规模已突破千亿元，年同比增长46％。预计未来两年，市场发展将步入稳健期，但增长速度仍会维持在30％以上。与此同时，中国数字营销市场的结构趋向多元。一方面是广告形式的多元化，细分媒体竞争加剧。2013年，"品牌图形类""搜索关键字""垂直搜索"三大类广告市场份额形成均势，以往展示广告一家独大的局面逐渐改变。预计未来广告形式的应用会越发多元化，其中垂直搜索依托其"直效"优势会获得更大的增长。另一方面是客户类型的多元化，传统行业投放需求不断涌现。单就展示类网络广告看，汽车与网络服务类保持领先，快消类增长迅猛、潜力巨大。

随着新技术的应用、新兴商业模式的发展，数字营销市场的内涵与外延均不断延展。内涵的升级指随着移动支付、移动电商、O2O模式的发展，数字化营与销不断融合，实现"传播＋销售＋服务"的三位一体。外延的扩张主要表现为市场规模扩张，技术应用形式、广告展现形式的不断丰富。

二、数字营销与互联网＋现状分析

（一）数字营销在互联网＋环境下面临的挑战

1.数字营销在互联网＋环境下面临的挑战

很多企业业务部门不了解大数据，也不了解大数据的应用场景和价值，因此难以提出准确需求。由于业务部门需求不清晰，大数据部门又是非盈利部门，企业决策层担心投入比较多的成本，导致很多企业在组建大数据部门时犹豫不决，或者很多企业都处于观望尝试的态度，这从根本上影响企业在大数据方向的发展，也阻碍企业积累和挖掘自身的数据资产，甚至由于数据没有应用场景，删除很多有价值历史数据，导致企业数据资产流失。因此，这方面需要大数据从业者和专家一起，推动和分享大数据应用场景，让更多的业务人员了解大数据的价值。

企业启动大数据最重要的挑战是数据的碎片化。在很多企业中，尤其是大型的企业中，数据常常散落在不同部门，这些数据存在不同的数据仓库中，不同部门的数据技术有可能不一样,企业自己的内容数据都没法打通。将不同部门的数据整合起来,实现技术和工具共享,才能更好地发挥企业大数据的价值。

2.数据可用性低以及质量差

很多大中型企业,每时每刻产生大量数据,但对大数据的预处理很不重视,导致数据处理很不规范。大数据预处理阶段需要抽取数据把数据,转化为方便处理的数据类型,对数据进行清洗和去噪,以提取有效的数据。很多企业在数据的上报过程中就有很多不规范不合理的情况,这些会导致企业的数据的可用性差、质量差、不准确。大数据不仅仅要收集规模庞大的数据信息,还要对收集到的数据进行预处理,让数据分析和数据挖掘人员从可用性高的大数据中提取有价值的信息。Sybase 的数据表明,高质量的数据应用可以显著改善企业的商业表现,数据可用性提高 10%,企业的业绩至少提高 10% 以上。

3.数据安全以及数据开发与隐私的权衡

网络化生活使得犯罪分子更容易获得关于人的信息,也有了更多不易被追踪和防范的犯罪手段,会出现更高明的骗局,保证用户的信息安全成为大数据时代非常重要的课题。在线数据越来越多,黑客犯罪的动机比以往都来得强烈,一些知名网站密码泄露、系统漏洞导致用户资料被盗等个人敏感信息泄露事件警醒我们,要加强大数据网络安全的建设。另外,大数据不断增加,对数据存储的物理安全性要求越来越高,也向数据的多副本与容灾机制提出更高的要求。目前很多传统企业的数据安全令人担忧。

数据资源的开放共享成为数据大战中保持优势的关键,但由于政府、企业和行业信息化系统建设往往缺少统一规划,系统之间缺乏统一的标准,形成众多"信息孤岛",受行政垄断和商业利益所限,数据开放程度较低,这给数据利用造成极大障碍。另一个重要因素是政策法规不完善,大数据挖掘缺乏相应的立法,既无法保证共享又无法防止滥用。因此,建立良性发展的数据共享生态系统,是我国大数据发展需要迈过去的一道槛。开放与隐私如何平衡,也是大数据开放过程中面临的最大难题。在推动数据全面开放、应用和共享的同时有效地保护公民、企业隐私,逐步加强隐私立法,将是大数据时代的重大挑战。

4.相关管理技术和架构上的缺陷

技术架构的挑战包含以下几方面:(1)传统的数据库部署不能处理 TB 级别的数据,快速增长的数据量超出传统数据库的管理能力。构建分布式的数据仓库,方便扩展大量的服务器成为很多传统企业的挑战。(2)很多企业采用传统的数据库技术，设计伊始就未考虑数据类别的多样性，尤其是对结构化数据、半结构化和非结构化数据的兼容。（3）传统企业的数据库，对数据处理时间要求不高，这些数据的统计结果往往滞后一天或两天。但大数据需要实时处理数据，进行分钟级甚至是秒级计算。传统的数据库架构师缺乏实时数据处理的能力。（4）海量的数据需要很好的网络架构，需要强大的数据中心来支撑，数据中心的运维工作也将成为挑战。在保证数据稳定、支持高并发的同时，减少服务器的低负载情况，成为海量数据中心运维的重点工作。

（二）数字营销在互联网＋环境下的发展趋势

"从宏观环境来看，中国的互联网用户数增长开始逐渐放缓，互联网人口红利消失。"在斯坦福大学演讲的刘胜义指出，伴随着网络的大规模普及，中国互联网用户增长从 2008 年 6 月就已逐年放缓，通过"人口红利"来获得飞速发展的年代一去不返，依靠新增用户带来收入增长的天花板已经出现。

1. 数据资源将成为最有价值的资产

随着大数据应用的发展，大数据价值得以充分的体现，大数据在企业和社会层面成为重要的战略资源，数据成为新的战略制高点，成为大家抢夺的新焦点。《华尔街日报》在题为"大数据，大影响"的文章中指出，数据已经成为新的资产类别，就像货币或黄金一样。Google、Facebook、亚马逊、腾讯、百度、阿里巴巴和 360 等企业正在运用大数据力量获得商业上更大的成功，金融企业和电信企业也在运用大数据来增强自己的竞争力。我们有理由相信大数据将不断成为机构和企业的资产，成为改进机构和企业竞争力的有力武器。

2. 大数据在传统行业的企业落地

一种新的技术往往在少数行业应用取得好的效果，对其他行业就有强烈的示范效应。目前大数据在大型互联网企业已经得到较好的应用，其他行业（尤其是电信和金融）的大数据也逐渐在多种应用场景取得好的效果。因此，我们有理由相信，大数据作为一种从数据中创造新价值的工具，将会在许多行业的企业得到应用，带来广泛的社会价值。大数据将帮助企业更好地理解和满足客户需求和潜在需求，更好地应用在业务运营智能监控、精细化企业运营、客户生命周期管理、精细化营销、经营分析和战略分析等方面。企业管理既有艺术也有科学，相信大数据的运用会显著促进科学管理企业的发展，让更多企业实现智慧型管理。

3. 大数据和传统商业智能融合

传统商业智能领域将大数据当成新增的数据源，大数据从业者则认为传统商业智能是处理少量数据时的好方法。大数据用户更希望获得整体的解决方案,即不仅要能收集、处理和分析企业内部的业务数据,还希望引入互联网上的网络浏览、微博、微信等非结构化数据。除此之外,还希望结合移动设备的位置信息,这样企业就可以成为全面、完整的数据价值发展平台。毕竟,无论是大数据还是商业智能,都为分析服务,数据全面整合,更有利于发现新的商业机会,这就是大数据商业智能。同时,由于行业的差异性,很难研发出一套适用于各行业的大数据商业智能分析系统,因此,在规模较大的行业市场,大数据服务提供商将会以更加定制化的商业智能解决方案提供大数据服务。

4.数据共享联盟的出现

大数据越关联越有价值,越开放越有价值,公共事业和互联网企业的数据开放数据将越来越多。美国、英国、澳大利亚等国家的政府都为开放政府和公共事业的数据上付出巨大的努力,国内的一些城市和部门也在逐渐开放数据。比如北京市于2012年就开始试运行政务数据资源网,于2013年年底正式开放;上海于2012年启动政府数据资源开放试点工作,数据涉及地理位置、交通、经济统计和资格资质等;2014年,贵州省也开放数据,10月份云上贵州正式上线。对于不同的行业,数据越共享越有价值。如果每一个医院想获得更多病情特征库以及药效信息,就需要全国,甚至全世界的医疗信息共享,通过平台进行分析,获取更大的价值。我们相信数据会呈现共享的趋势,不同领域的数据联盟将出现。

5.大数据安全市场将愈发重要

数据越来越重要,大数据的安全稳定也受到重视。网络和数字化生活也使得犯罪的分子更容易获取他人的信息,出现更多犯罪手段,所以,在大数据时代,无论是出于保护数据本身,还是出于保证由数据而演变而来的信息安全至关重要。大数据安全是跟大数据业务相对应的,与传统安全相比,大数据安全的最大区别是安全厂商在思考安全问题的时候首先要进行业务分析,找出针对大数据的业务的威胁,提出有针对性的解决方案。比如,对于数据存储这个场景,目前很多企业采用开源软件如Hadoop技术来解决大数据问题,由于其开源性,安全问题很突出。因此,市场需要更多专业的安全厂商针对不同的大数据安全问题来提供专业的服务。

6.大数据促进智慧城市发展

随着大数据的发展,大数据在智慧城市中将发挥越来越重要的作用。人口聚集给城市带来交通、医疗、建筑等各方面的压力,迫使城市更合理地进行资源布局和调配,智慧城市是城市治理转型的最优解决方案。智慧城市通过物与物、物与人、人与人的互联互通能力、全面感知能力和信息利用能力,通过物联网、移动互联网、云计算等新一代信息技术,实现城市高效的政府管理,便捷的民生服务,可持续的产业发展。相对于之前数字城市,智慧城市最大的区别在于对感知层获取的信息进行智慧的处理。由城市数字化到城市智慧化,关键是实现对数字信息的智慧处理,核心是引入大数据处理技术。大数据是智慧城市的核心智慧引擎。智慧安防、智慧交通、智慧医疗、智慧城管等都是以大数据为基础的智慧城市应用领域。

7.大数据将催生新行业

新行业出现,必将对工作职位方面有新的需求,大数据的出现也将催生一批新的就业岗位,例如,大数据分析师、数据管理专家、大数据算法工程师、数据产品经理……拥有丰富经验的数据分析人才将成为稀缺的资源,数据驱动型工作将呈现爆炸式的增长。由于有强烈的市场需求,高校也将逐步开设大数据相关的专业,以培养相应的专业人才。企业将和高校紧密合作,协助高校联合培养大数据人才。2014年,IBM全面推进与高校在大数据领域的合作,引入强大的研发团队和业务伙伴,推动"大数据平台"和"大数据分析"的面向行业产学研创新合作以及系统化知识体系建设和高价值人才培养,建设符合中国教学特色及人才需求的大数据相关学分课程,为未来建设特色专业方向做准备。

8.大数据在多方位改善我们的生活

大数据不仅用于企业和政府,也应用于生活。在健康方面,可以利用智能手环监测睡眠,了解睡眠质量,可以利用智能血压计、智能心率仪远程监控家里老人的健康情况;在出行方面,可以利用智能导航出行GPS数据了解交通状况,根据拥堵情况调整路线实时调优;在居家生活方面,大数据将成为智能家居的核心,智能家电实现拟人智能,产品通过传感器和控制芯片来捕捉和处理信息,根据住宅空间环境和用户需求设置控制,提出优化建议。

三、如何借助数字营销实现互联网＋转型

对于企业来说,面对互联网化浪潮,要抓住转型关键环节,既要准确理解其内涵,也要把握好主次。在互联网化趋势下,营销成为企业变革的第一环节,其次才是渠道、产品和运营。在实体经济与虚拟经济加速融合的今天,企业的互联网化需要从营销开始。

（一）让数字营销经历替换、优化和创新三大变革的洗礼

1.替换：中规中矩的保守策略

数字营销的第一阶段是以"替换"为主题，服务商期待保留原有的部分策略，对其中不适合的部分进行修补，以实现自身在数字营销时代的基本生存。这一变革方式，从服务商管理者的公开言论和商业策略中就能够体会。他们一般具有浓厚的传统营销背景，固守"互联网只是一种工具"的初级互联网化思维方式，对传统营销流程中的环节进行合理化、现实化，符合他们的初衷，不使他们失去原有的优势感。但是，"替换"策略并不能从根本上解决这类企业的终极诉求。由于自身思维方式的局限性，此类企业面临服务价值含混不清，其表面逻辑与行业精神契合度不高，虽然能够满足部分企业的营销需求，但其效果总是囿于表面，而无法触及本质。

2.优化：基于传统的改革路径

互联网化的营销与传统营销有根本区别，其能充分借助数据和技术的力量来达到目标，提供用户洞察和实时广告服务。传统营销中的人力、物力等资本，在互联网化的营销中归于无形数字的消耗，这不仅降低成本、提高效率，而且能增加企业利润、提升行业整体等级。

在互联网发展初期，互联网只是作为工具出现在商业活动中。但是，现在的它已经远远超离工具的范畴，成为商业运作的方法论。在当下这个互联网风行的时代，营销更多的借助于机器计算，依赖于数据资源，而不是"拍脑袋"。互联网化的趋势是客观存在的，互联网导致的消费者行为改变，促使营销不得不转变自身原有的策略结构。随着被动接受信息的消费者越来越少，基于社交网络、移动终端的营销手段成为主流。未来的企业要开展营销活动，必须借助互联网的力量。这种力量使得营销普遍地以客户为中心，借此，企业主能够知道他们在想什么、看什么、买什么。大数据是互联网化的认知框架，是互联网作用于营销领域的方式。通过非 Cookie 大数据，可以清楚知晓人们在互联网上的动态行为，深层挖掘消费趋势背后的营销密码，广告主可以更快地做到"找到人、找对人、讲对话、花对钱"。

3.创新：另立门户的理想主义

创新，往往是对原有体系的颠覆。传统营销环节与企业其他部门之间的割裂，造成营销效果低下、品牌放大有限等弊端，不同策略、流程之间的交互融合，已成为企业亟需做出的选择。

营销服务商要提供互联网化服务，就需要一套完整的解决方案。这种方

案应该在实现全产业链覆盖、全面提高品牌价值的同时,实现品效合一的营销目标,进而与传统企业共同携手实现互联网化转型,实现更高层级的行业理想。选择中规中矩策略的企业,已渐渐偏离原定的互联网化变革之轨,基于传统的改革与另立门户的创新,才是互联网化应有的题中之意。

(二)让大数据进门得先搭桥铺路

大数据的价值毋须赘言,公益性的开放数据对互联网公司来说是不公平的、不可能的。随着互联网环境的成熟,互联网公司、媒体、媒介代理公司、企业本身或多或少积累有一定价值的数据,这些数据可以有行业价值,同样能实现商业变现。通过正当有效的方式实现数据价值,让有行业价值的数据得以流通共享,是大数据进场最需要考虑的问题。当前的市场缺的不是DSP,也不是企业级的DMP,缺的是能让大数据顺利进场的机制、平台和规则。哪些数据能收集,哪些数据能公开,哪些数据可以买卖和交换,如何买卖或交换⋯⋯许多问题都还没有合适的标准和定论,大数据的开放自然也就无从谈起。出于安全、道德、利益等因素考虑,制定进场规则和分配机制是大数据进场的前提条件。

1.合理获取数据

在大数据时代,数据的产生速度飞快而且体量庞大,往往以TB或YB甚至是ZB来衡量。各种机构、个人都在不断地向外产生和发布结构化与非结构化的复杂数据,进行数据交换,如人们当前最常用的数据来源渠道——互联网,每天的数据交换量已极为惊人。在这种情况下,由于数据传播的速度极快,且在传播过程中本身已有可能发生多次变换而生成更多的复杂数据,对我们普通人来说,数据充分融合在一起的时候就很难分辨其真正的来源。即使能够弄清楚数据的真正来源,也要接受那些复杂的非结构化数据的考验。大数据时代应以智慧创新理念融合大数据与云计算,在大数据洪流中提高知识价值洞察力,实施高效实时个性化运作,建立有效增值的商业模式。针对大数据时代的基本特征,加强全方位创新。包括IBM、EMC、HP、Microsoft等在内的IT巨头,纷纷加速收购相关大数据公司进行技术整合,寻找数据洪流大潮中新的立足点。涉及人工智能、机器学习等新技术的创新应用,已初显效益。将大数据时代全方位创新工作和智慧城市发展紧密结合,借助移动互联网、大数据与云计算的融合、智能运营管道等,建立智能平台,优化配置城市资源,向真正的智慧城市迈进。

2.存储随需而变

美国一家知名的DVD租赁企业每年都会邀请协同处理算法的专家与其

分析用户数据,从而了解租赁客户的需求,一些美国金融企业甚至提出分析即服务的理念。陶波表示,金融、电信、互联网等企业对大数据的处理和分析有迫切的需求。与传统的商务智能应用相比,大数据对企业数据的处理能力和商务智能软件提出更高要求:首先,企业必须具备处理大量数据的能力,因为有的企业可能一天之内就要多次处理 PB 级的数据,这是传统的存储设备不能胜任的;其次,传统的数据仓库软件是针对结构化数据设计的,大数据主要是非结构化数据,传统的数据仓库软件必须改变。

3.筛选与分析大数据

充分利用数据"洞察"自己身边的人或物,在诸多供给方当中精准地匹配自身需求,最大限度地满足自身需求也是大数据的价值。为此,即使是普通人也应具备一定的数据筛选和识别能力。这些数据传播渠道发布的数据往往有针对性和倾向性,甚至带有误导性,这时就需要数据使用者具备一定的甄别能力,真正充分利用大数据实现自身价值的最大化。大数据能够为我所用而产生价值,使用者就必须具备一定的数据分析技能。当然,普通人未必要掌握数理分析、数据挖掘等专业统计技能,但有必要学会结合其应用背景简单分析常用的指标数据。比如,大家熟悉的 CPI、天气指数、幸福指数等统计指标,信用卡消费账单等个人信息,这些都是大数据,要想读懂这些数据信息并了解数字背后反映的经济运行机理或个人消费行为模式,就需要对其进行分析。大数据时代对数据分析要求很高,培养大数据时代分析的人才必不可少,只有具备大数据专业方面的知识,才能更好地研究大数据蕴含的特殊技能。

4.理性面对大数据的价值诱惑

毫无疑问,大数据时代将是商业智能"大显身手"的时代。企业利用发达的数据挖掘技术日益精准地揣摩消费者的心态,运用各种手段对其"循循善诱"。如今,当人们上网购物时,只要输入想要购买的物品,大部分商家都会依据输入的信息弹出相关的推荐产品,更有甚者还能够利用人们的搜索记录和地理位置信息在其浏览网页的过程中植入符合人们需求的精准广告。

(三)建立良好的行业生态环境

为了掌握营销数据,企业当然希望由自己来掌握事关命脉的第一手营销数据,交给互联网公司不放心,交给第三方媒介代理公司还是不放心。一部分广告主在营销的过程中发现,有时候虽然自己投入大笔的营销费用,却并未收到预期的效果,还可能面临商业机密外泄的风险,大企业财大气粗,另起炉灶,自主开展数字营销,中小企业却根本无法负担自主经营的成本。没有良好的行业生态,大数据即使进场,能发挥的效用恐怕也很有限。

(四)建立科学的营销效果评估标准

虽然如今数字营销已经进入程序化购买的阶段,但由于发展时间尚短,广告主的类型和需求又多种多样,衡量营销效果的 KPI 在业内还没有权威的标准。对于广告主来说,营销需要考虑短期和长期两种目标,追求短期效果的营销可以用 ROI 来衡量,但追求长期品牌构建的营销却无法量化。也就是说,如果一个长期进行数字营销的广告主某天意识到自己的广告费有一半被浪费掉了,可他却没法知道这一半浪费在哪儿。未来大数据要解决的不仅是广告主把预算投在哪儿的问题,还要有效提高营销的 ROI 并建立合理权威的营销效果评估标准,让广告主知道投入的预算都花在什么地方,起到什么效果,花出去的钱究竟值不值。当然,科学评估标准的建立,需要广告主、媒介代理公司、媒体以及拥有大数据的互联网公司各方共同努力。

现阶段的数字营销已经在大数据阶段的门口,当大数据的进场规则和机制得以确立,行业生态环境也比较规范以后,数字营销的大数据时代就会真正到来。

结　语

数字营销,自该行业诞生以来,经历了从线上到线上线下融合,从 PC 互联网到移动、PC 及跨平台融合,从照搬传统方式到形成独有路径的过程,在云计算、社交网络和大数据的推动下,数字营销面临着新的变局。这一变局,是互联网基因与传统产业融合发展的必然,也是营销行业创新转型的历史契机。

过去的营销是信息的传递,如今的营销也是。互联网的兴起直接推动了营销的数字化进程,但究其根本,营销的本质却从未改变。

技术的革新创造了一个新的时代,人们在全新的互联网时代里改变了自己的行为习惯和思维方式,从而也改变了营销的方式、方法和方向。但追根究底,营销传递信息的本质并没有改变。时代的脚步不会停止,数字营销或许还会进化到更高级的形式,但只要人与商品、服务之间还需要信息传递,营销的"根"就不会变。

参考文献

[1]董婧.北京大学新闻与传播学院广告专业 20 周年系列活动——2012 创意传播管理与数字营销发展论坛在北京大学召开[J].广告大观:理论版,2012(06):106－109.

[2]佚名.变局时代的数字营销之路 刘胜义指明下一代数字营销方向[J].声屏世界:广告人,2013(1):127－128.

[3]岳品莹.互联网时代,数字营销的变与不变[J].互联网周刊,2014(19):48－50.

[4]马小平.数字营销:企业腾飞的发动机[J].电子商务,2003(1):69－71.

[5]刘佳.数字营销的新机会[J].互联网周刊,2009(8):38－38.

[6]潘静.成功的数字营销＝策略＋技术＋执行力[J].声屏世界:广告人,2011(8):130－131.

[7]陈晓燕,邓广梼.正确看待数字营销市场[J].广告大观:综合版,2012(11):15－20.

[8]姚曦,秦雪冰.技术与生存:数字营销的本质[J].新闻大学,2013(6):58－63.

[9]谢阗地.数字营销的新前途[J].互联网周刊,2008(18):72－73.

[10]刘胜义.下一代数字营销[J].新营销,2013(1):20－21.

[11]詹居臻.数字营销:抢占先机 创新制胜[J].声屏世界:广告人,2011(3):52－52.

[12]赵冯聪.数字营销隐秘的另一面[J].新营销,2012(3):30－31.

[13]傅志华.大数据的挑战和趋势[EB/OL].(2014-6-1)[2014-12-01].http://www.lei-phone.com/news/201412/oOv0x23fhA69Hlyg.html

[14]孟小峰,慈祥.大数据管理:概念、技术与挑战[J].计算机研究与发展,2013(1):146－169.

[15]李志刚,朱志军.大数据时代:生活、工作与思维的大变革[M].杭州:浙江人民出版社,2013:15－20.

房地产广告中的环境审美思想

周　雨　吴凯瑜

（厦门大学新闻传播学院,厦门,中国,361005）

──────────── 摘　要 ────────────

　　人们对居住环境的要求越来越高,房地产广告和环境美学的关系日益紧密。通过内容分析与文本分析相结合的研究方法,本文以《厦门晚报》中的房地产广告为样本,探讨环境美学思想在房地产广告中的表现,试图理解受众对环境的审美态度。结果发现,当今房地产广告普遍重视环境诉求,"宜居"思想是首要关注点,"乐居"思想中的山水之情是一大亮点。亲近自然、回归自然的向往,掌控自然、拥有稀缺环境的渴望同时存在。"宜居""乐居"的体现还很所欠缺,且对其的诠释大多流于表面。环境审美体验依赖视听感官,重视联觉。总之,人们对住宅环境的审美化追求还有待提高。

关键词:环境美学;房地产广告;宜居;乐居

　　人们对居住环境的要求越来越高,房产不再只是遮风挡雨的庇护所,逐渐演化为安居、乐业之所,甚至是心灵的港湾,这一点在房地产广告的创意表现中体现得最为鲜明。

　　环境美学是美学学科的新分支,兴起于 20 世纪 60 年代,至今发展出较为成熟的理论体系,日益得到重视,其观念应渗透到环保领域以及社会各个领域之中。作为社会文化的一面镜子,房地产广告是否传递,如何传递环境审美思想,民众的环境观是否关注其审美性? 这是本文的主要研究目的。

一、研究综述

　　环境美学是以环境为研究对象的美学,将自然、建筑等先前被划入艺术领域的对象作为环境的构成因子。

（一）环境美学的学科发展历程

环境美学的兴起背景，学界有较为统一的看法，陈望衡的《环境美学的兴起》和史建成的《论环境美学的历史及其现状》均认为环境美学的兴起原因有二：其一，20世纪以来工业化发展带来严重的环境问题，逐渐引起人们关注，部分学者对人与环境的关系进行反思；其二，60年代后，与环境相关的自然学科以及人文学科、社会学科的研究逐渐受到重视，环境美学与艺术美学处于同等的研究地位。至此，环境美学开始成为真正的学科。

环境美学的研究学者，西方代表人物主要有阿诺德·伯林特、艾伦·卡尔松、约·瑟帕玛，西方对环境感知和景观评估的研究较为突出。国内的主要代表人物有陈望衡、曾繁仁、彭锋、程相占。国内环境美学研究在不同时期有其侧重点。二十世纪五六十年代，环境美学研究还主要停留在对美的本质问题的探讨上，进入80年代，有关自然美的论文却如雨后春笋般出现。如伍蠡甫的论文集《山水与美学》、严昭柱的《自然美论》。90年代以来，出现生态美学、景观美学等学科。进入21世纪后，该学科有所发展。2004年5月在武汉大学召开的"美与当代生活方式"为主题的国际美学学术会议引发学界对环境美学中自然美问题的关注。如今，对环境美学的讨论已经深入各个应用领域。

（二）环境美学近五年来的研究成果

国内学者王燚所著《近十年来国内环境美学研究述评》一文从环境美学理论自身的进展与突破、环境美学理论的评价与应用、环境美学对于其他学科的借鉴和融合三个方面对2001—2010年国内环境美学的研究成果进行述评。本文按照这一思路，着重梳理近五年以来的新成果。

1.环境美学理论自身研究

王燚指出，国内学者对环境美学本质的探讨主要基于哲理性与生存论意义，综合了中国本土的经验。环境美学理论借鉴自然美学和生态美学理论，从环境美学与自然美学关系看，学者主张对环境的欣赏要综合运用各个感官知觉融合审美对象；从环境美学与生态美学关系看，生态美学弥补了环境美学理论上的不足，促使二者发展。对国外理论的评论方面，国内学者基本认同伯林特的"结合美学"和"经验融合"，也认同卡尔松的"科学认知主义"，但质疑科学知识的必要性和边界。

近五年间,中西方环境美学的研究差异引起一些学者的重视。阿诺德·伯林特和曾繁仁分别探讨中西方环境美学理论及其视角,指出两者需要在交流与对话中走向成熟。国内学者还讨论了西方环境美学研究中存在的问题。赵玉继彭峰、赵红梅对卡尔松"自然全美"观点逻辑进行质疑后进一步分析论证了它在扩充审美经验领域时表现出的自相矛盾,强调学界在重视美学与其他学科的关联性时不能忽略美学本身的内在特质和学科独立性。

环境美学是美学学科的重要分支,不少人就其对美学的发展与拓展作用有了新的认识。谭好哲指出,环境美学将生态思想引入美学领域,强调美学对自然生活的回归,有助于重新认识人与自然关系、主体与客体关系。陈国雄认为环境美学的学科特征是"超越美学的美学",其学术价值有三个,一是突破美学研究艺术的单一立场,二是突破传统美学的束缚,三是加强美学学科把握当代问题的能力。

关于环境的感知和体验方面,国内近年来多关注审美主体本身——身体上,这是一个新颖视角。如潘华琴以身体知觉为出发点,认为"环境连续体""审美知觉""身体化"等审美思想是对审美主客分离的二元论的矫正。韦拴喜直接将身体美学与环境美学联系起来,探讨其共通之处。聂春华探讨了环境美学中身体转向的可能性、身体在场与多感知特性、环境美学与审美描述等。部分文献对西方审美思想提出质疑,特别是关于"如画性"的讨论。西方审美模式坚持动观,批判"如画性"审美模式,陈国雄以陶渊明的"悠然之间"代表中国传统审美方式,阐述其动静结合的环境审美方式,更强调审美的态度。王中原也不认同环境美学对"如画"的全盘否认,从审美心理角度出发,阐述心理距离在欣赏环境中的运作机制,认为"如画"并不与"参与式"审美有冲突。

2.环境美学的应用研究

王燚总结认为,国内学者对环境美学的应用研究集中体现在城市建设、农业景观以及社会和谐等方面。城市建设方面,应该符合宜居、利居、乐居,以"家园感"为理念;环境美学范式对构建和谐社会有重要意义;农业景观应实现审美性与生产性的统一。

近五年来,不少文献将研究视角从城乡建设聚焦到居住、建筑、园林等问题上。

陈望衡认为城市建设应该以乐居为理念,他提出"生活—居的环境审美模式"。环境的审美可以分为宜居、利居、乐居三个层面。宜居要求生态环境利于人的生存,利居关乎人的发展,包括要求生活方便和创业方便。乐居侧重环境对人的精神层面的影响,乐居是环境美学的最高主题,这一思想对本文启发最大。晏杰雄对陈望衡倡导的居—生活环境审美模式进行分析,认为该模式具有双主体论与和合思想,为理想环境审美模式提供了现实范本和实践形态。薛富兴关注卡尔松的建筑思想及其提出的建筑美学的生态学方法,认为建筑审美特性最大特点是环境性和功利主义。张春燕侧重讨论"存在"理论,指出建筑艺术更易引发"存在"问题的根源在于公共资源占用与社会功能实现之间的不对等关系。

3.环境美学与其他相关理论的研究

王燚归纳了环境美学与环境伦理、自然美学、文化、中国古典美学等学科的关系,认为它们既为环境美学提供新的理论依据,也为环境美学向新领域的发展提供新思路。

此前将环境美学与生态美学进行比较的研究较少,近五年来该方面的探讨逐渐增多。廖建荣指出,生态性是环境美学的基础,生态美学要通过景观来表现生态观,环境美学与生态美学的关系相互促进、相互依存。程相占归纳环境美学与生态美学关系的五种立场,认为两者有明显差异的立场,可以相互参照和借鉴。艾伦·卡尔松发现只有科学认知主义承认生态在环境欣赏中的重要作用,较好地论证了生态美学在环境美学中的位置。

(三)房地产广告的相关研究

房地产广告的研究角度主要有房地产广告的策略研究、房地产广告内容研究、房地产广告与文化现象。

房地产广告的策略研究方面,袁柯提出,楼盘在预售期、开盘期、持续销售期、尾盘期等不同阶段应采用相对的营销策略,以获得广告效果最大化。王学平分析了房地产广告策略的主要问题,认为应注重市场定位、广告的媒体组合、广告的创意表现。

房地产广告内容及表现研究主要集中在诉求上。高小嵩将房地产广告诉求分为理性诉求、感性诉求、文化诉求三大类。罗志芬等发现事件告知、生活方式、建筑价值、地理位置、价格促销等是报纸房地产广告的主要诉求点。张泉等发现,在限购令背景下,房地产广告中的情感诉求、理性诉求、时尚诉求、荒诞诉求、另类诉求等更受欢迎。此外,房地产广告中的语言和文案也是学者关心的问题,郑革委借用语言学理论分析语境建构中的诉求语义、关联语义和审美语义,提出房地产广告需要向消费者传递引人入胜的设计语境。

广告即文化,不少文献试图从房地产广告角度解读消费观,揭示消费主义在地产广告中的体现及其负面影响,炫富问题是讨论热点。常燕民和杨先顺、吴凯娜等均阐述地产广告中炫富之风的由来以及负面影响,提出应由政府机关、媒体、广告行业以及社会各界通力协作,对这种风气进行合理疏导。

总的来说,本文也从广告与社会文化的互动关系角度出发参与探讨。环境是房地产广告的重要诉求点,但鲜有研究关注环境文化和房地产广告的关系,因此笔者拟结合定量和定性方法来综合考察如下问题:

(1)环境美学思想在房地产广告中的普及和分布。

(2)房地产广告的环境诉求所体现出的"宜居""乐居"理念分布。

(3)房地产广告中环境审美体验的方式。

(4)房地产广告中环境审美的修辞表达。

二、研究过程

(一)研究方法

本文采用内容分析和文本分析结合的方法。正如苏特·杰哈利所指出的:"(内容分析与符号学相结合)不仅具有内容分析法的'系统性'与'客观性'特征,而且还有符号学的敏锐诠释力。"内容分析主要解决上述三个问题,文本分析探讨环境审美的修辞及符号意义。

1.样　本

报纸是传统媒介,发行量大,覆盖率高,可以承载大量文字信息且具有地域性和时效性,是房地产广告最常选用的广告媒介。厦门市地处中国东南沿海地区,是风景优美、气候适宜的滨海城市,曾多次获得"中国十佳宜居城市""中国休闲城市"称号,房地产市场繁荣,其广告中环境诉求普遍,因此选择《厦门晚报》这一区域发行量最大、传阅率最高、覆盖面最广、房地产投放首选的报纸作为研究媒体。

房地产市场素有"金九银十"一说,即一年中的9月和10月是房产购销旺季,相应的,房地产广告投放也集中在9、10月份,前后是高峰时段。为了全面了解这两个月的情况,获取尽可能多的样本,笔者选择2013年6月至2014年12月共计一年半的《厦门晚报》中刊登的地产广告作为研究样本,剔除分类广告、重复广告后,共获得155则。

2.编　码

由于学界还无人应用环境美学理论进行定量研究,本文的难点之一即是借鉴理论来制作出可操作的编码量表。笔者选择陈望衡《环境美学》中的理论作为主要依据,因为陈望衡是国内环境美学研究的先驱和集大成者,其思想具有全面性、权威性;《环境美学》一书理论体系完整,脉络清晰,环境美的层次划分含义明确。内容分析共设计 5 个量表涉及统计房地产广告中环境诉求的分布、广告中环境美层次的分布、广告中环境审美方式的分布以及广告中的环境类型。

关于广告中的环境诉求,首先需明确环境的定义。这一点,学界看法有所差异。约·瑟帕玛将环境看作围绕人而存在的客观对象,阿诺德·伯林特反对将环境客体化,他认为环境和人应该是统一体,人与所处环境间并没有明确的分界线。陈望衡更赞成伯林特的看法,他将环境分为自然状态的环境和人文状态的环境,自然状态的环境还可分为天然型和人造型;人文状态的环境包括建筑、广场、道路等生活场所。这也是本文认同的观点,在此基础上设计了操作定义,如表 1 所示:

表 1　广告中的环境诉求分布

操作化定义	记录方式
广告的标题、正文、楼盘命名中出现和环境相关的词语,包括自然环境,如山水、风景等,以及人文环境,如城市景观	(1)只在标题出现。(2)只在正文出现。(3)只在楼盘名称中出现。(4)出现在标题和正文中。(5)出现在标题和楼盘名称中。(6)出现在正文和楼盘名称中。(7)三者都出现。(8)均不出现

关于环境美的层次,陈望衡提出"宜居"和"乐居"两个境界。"宜居"表现有:第一,有利于健康,饮水是否清洁,气温是否宜人,是否有噪声,是否有严重损害人健康的其他因素;第二,有利于安全,环境应给人以安全感;第三,出行及做事方便,这与楼盘所处地理位置、交通便捷程度以及周边生活配套等相关;第四,能带来利益。据此,笔者将广告中环境"宜居"的表现设计成表 2。

表 2　广告中环境美的"宜居"表现

编码项目	操作化定义	记录方式
环境有利于健康的诉求分布	广告标题和正文中诉求空气清新、水源清洁、气候宜人、环境安静、无其他损害健康因素	(1)空气。(2)水源水质。(3)气候气温。(4)噪声声响。(5)其他。(6)无

续表

编码项目	操作化定义	记录方式
环境有利于安全的诉求分布	广告标题和正文中诉求住宅治安良好、物业管理规范、住宅安全品质等	(1)物业。(2)治安。(3)住宅质量。(4)其他。(5)无
环境有利于出行的诉求分布	广告标题和正文中诉求地理位置方便、交通设施快捷、生活配套齐全等	(1)位置。(2)交通。(3)配套。(4)其他。(5)无
环境有利益满足的诉求分布	广告标题和正文中诉求环境能带来利益回报、特殊功能满足以及其他需求满足	(1)教育。(2)户口。(3)娱乐。(4)投资。(5)社会地位。(6)其他。(7)无

陈望衡认为"乐居"应满足以下三点:第一,景观优美,具有综合的美感享受性,这里强调的是自然景观或人文景观在形式美、外表美方面给人的享受;第二,历史文化底蕴深厚,这里指楼盘周边环境关于历史古迹、历史年代、历史地点、历史人物、历史文物等方面的诉求;第三,能满足居住者的情感需求和文化需求,情感需求包括亲情、爱情、友情、乡情或山水之情等,这里的山水之情主要指中国人天然的回归自然、亲近自然的需求。编码类目及记录方式如表3所示:

表3　广告中环境美的"乐居"表现

编码项目	操作化定义	记录方式
环境的美观诉求分布	广告标题和正文中涉及环境的语词诉求对象的外表美、形式美	(1)造型外观。(2)色彩。(3)光线。(4)质感肌理。(5)其他。(6)无
环境的历史感诉求分布	广告诉求环境的悠久历史、历史名人、历史事件发生地、古迹等	(1)历史年代。(2)历史名人。(3)历史事迹。(4)历史文物。(5)历史地点。(6)其他。(7)无
环境的情感满足诉求分布	广告诉求环境能满足人的亲情、乡情、友情、爱情、山水之情等情感需求	(1)亲情。(2)友情。(3)爱情。(4)乡情。(5)山水之情。(6)其他。(7)无
环境的文化满足诉求分布	广告诉求环境满足人的文化品味、文化教养等高层次精神满足	(1)有文化需求满足。(2)无文化需求满足

关于环境审美体验的方式,卡尔松和伯林特均主张人在进行环境审美欣赏时应综合调动各个感官,全身心地投入,这一点可以由文案表达看出。

表4　广告中环境的审美方式

操作化定义	记录方式
环境的审美体验经由单一感官,还是运用多种感官的联觉或通感。广告正文和标题使用视听味嗅触等感官的词汇分布	(1)视觉。(2)听觉。(3)味觉。(4)嗅觉。(5)触觉。(6)其他感觉。(7)无

关于广告中的环境类型,笔者根据环境的定义以及前期对样本的观察,将环境类别分为以下几类:自然风景、楼盘(包括外观、内部装潢或户型图)、小区、标志性景观(独特造型或象征意义的建筑、园林、喷泉等)、城市、农村、周边配套、人物等。判断依据为广告图片中占据比例最大的环境类型,记录方式如表5所示:

表5　广告中环境类型

编码项目	操作化定义	记录方式
最大比例的环境类型	广告图片中占据比例最大的环境类型	(1)自然风景/山水。(2)楼盘。(3)小区。(4)标志性景观。(5)城市。(6)农村。(7)周边配套。(8)人物。(9)其他。(10)无
第二大比例的环境类型	广告图片中比例占据第二份额的环境类型	(1)自然风景/山水。(2)楼盘。(3)小区。(4)标志性景观。(5)城市。(6)农村。(7)周边配套。(8)人物。(9)其他。(10)无

为了保证信度,由两位经过培训的编码员抽取10%的样本进行预编码,并用霍思提公式$[P=2M/(M_1+M_2)]$进行信度检验,检验结果如表6:

表6　编码类目信度检验结果

	环境分布	健康	安全	出行便利	利益满足	环境美观	历史感	情感满足	文化满足	感官分布	图占比
应有同意数	155	930	775	775	1 085	930	1 085	1 085	155	1 085	3 100
不同意数	12	59	53	73	106	89	26	75	10	96	222
完全同意数	143	871	722	702	979	841	1 059	1010	145	989	2 878
信度	0.922	0.937	0.932	0.906	0.902	0.904	0.976	0.931	0.935	0.912	0.928

3.文本分析的步骤

将符号学理论应用于房地产广告的文本分析,能更好地从内容出发,探究房地产广告使用了哪些与环境美学相关的符号,这些符号如何被组织,符号背后的意义。

笔者主要从两个角度对房地产广告进行语言符号分析,一是环境审美的体验形式,二是人与环境的审美关系。具体做法是从广告标题和正文中,挑选符合"环境审美体验""山水之情"定义的关键词及短语。如"瞰景高层""山语听溪"中的瞰和听都是审美方式符号,"拥湾傍海""尽纳山水"等体现人与环境关系。然后归纳这些词汇的出现的频率,分析其修辞技巧和字面背后的引申意义。

(二)研究结果及分析

1.环境诉求在房地产广告中的分布

表 7 显示环境诉求自高往低的分布情况,可以看出,几乎所有的房地产广告都使用环境诉求,而且多次强调,楼盘名称、标题和正文都出现该诉求的比例最高,两个元素结合的手法也较普遍。

表 7　房地产广告中的环境诉求分布(n＝155)

排　名	比　　　例
1	三者均出现(58.1%)
2	只在正文和楼盘名称中出现(16.8%)
3	只在标题和正文中出现(8.4%)
4	只在正文中出现(7.7%)
5	只在楼盘名称中出现(6.5%)
6	三者均不出现(1.3%)
7	只在标题中出现(0.6%)
8	只在标题和楼盘名称中出现(0.6%)

2."宜居"思想在房地产广告中的体现

从图 1 可以看出,广告中诉诸环境"宜居"的各个因素都有,但以利益满足为最高比例,其次为出行方便诉求,再次为安全诉求,健康诉求比重最小。可见,楼盘所在环境能给业主带来的利益主要放在宜居这一维度来考察,环境是否有利于人的健康和安全,作为最基本的生存要义,广告中很少涉及。在"宜居"思想各要素的占比上,表 8 按照自高而低的顺序依次排列。

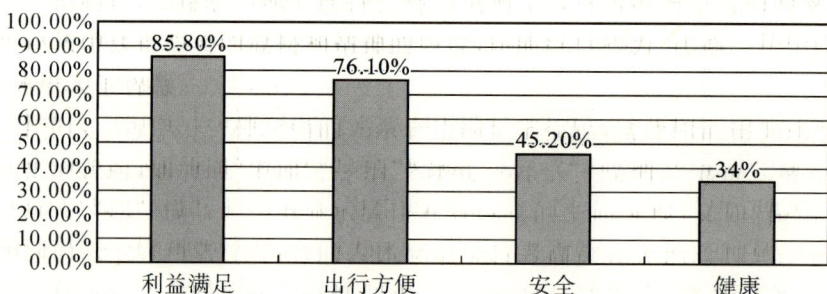

图1 "宜居"思想中各个诉求出现频率

表8 "宜居"思想在房地产广告中的体现

排名	健康(n=57)	安全(n=99)	出行便利(n=282)	利益满足(n=371)
1	无(65.8%)	无(54.8%)	位置(69.7%)	其他(80.6%)
2	其他(25.2%)	住宅质量(38.7%)	配套(54.8%)	娱乐(59.4%)
3	噪声声响(6.5%)	物业(14.8%)	交通(52.3%)	教育(42.6%)
4	空气(3.9%)	其他(8.4%)	无(23.9%)	社会地位(25.2%)
5	水源水质(0.6%)	治安(1.9%)	其他(5.2%)	投资(25.2%)
6	气温气候(0.6%)			无(14.2%)
7				户口(6.5%)

从中可见,房地产广告在诉求健康时,"噪声声响"因素相对较多,空气次之,可以推断,清洁的空气和安静的环境是居住者比较看重的。在诉求安全时,住宅质量诉求出现的频率最高,其次是物业,住宅本身的品质和物业管理的规范最能给人带来安全感。在诉诸出行方便时,位置占比最高,其次是配套、交通,从实际生活看,这三者的配合实际上决定居住环境的方便快捷。广告在诉诸利益满足时,娱乐满足、教育资源最让消费者动心,社会地位和投资回报也是吸睛重点。娱乐需求,广告通常诉求为休闲闲暇和放松找乐,如公园、海滩、湖等供人休憩,电影院、KTV、咖啡厅等让人娱乐。

3."乐居"思想在房地产广告中的体现

图2和表9反映了"乐居"思想在房地产广告中的总体分布以及各自因素的占比。

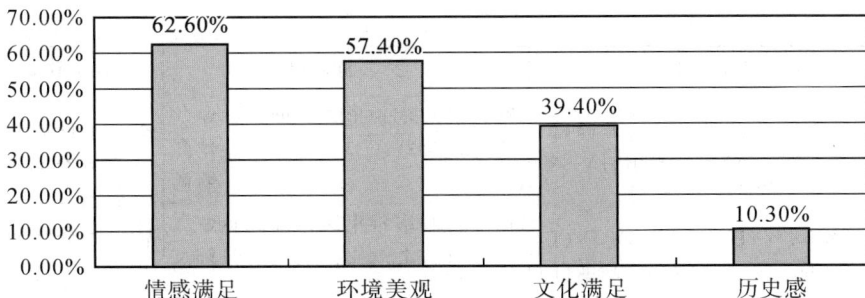

图 2 "乐居"思想中各个诉求出现频率

表 9 "乐居"思想在房地产广告中的体现

编码类目	环境美观(n=116)	历史感(n=26)	情感满足 (n=149)	文化满足 (n=71)
1	无(42.6%)	无(89.7%)	山水之情 (58.1%)	无文化需求满足 (54.2%)
2	造型外观(41.3%)	历史年代(7.1%)	无(37.4%)	有文化需求满足 (45.8%)
3	光线(18.1%)	历史文物(4.5%)	其他(23.9%)	
4	色彩(10.3%)	其他(3.2%)	亲情(9.7%%)	
5	其他(4.5%)	历史地点(1.9%)	爱情(1.9%)	
6	质感肌理(0.6%)	历史名人(0%)	乡情(1.9%)	
7		历史事迹(0%)	友情(0.6%)	

房地产能带个人的"乐居"感受,主要来自情感满足和环境美观的体验,更具深度的历史感和文化满足相对来说较少,其中历史感可能受城市地理位置限制,无法突出,文化满足提及频率不到一半,且主要诉诸教育资源,如和某大学毗邻而受其熏染,鲜少涉及个人的文化、生活品位。

在情感满足诉求方面,提及山水之情的频率远高于其他因素,亲情次之,友情最小。这反映了消费者在选择居住环境时,也力求能身处城市、心在自然,亲近自然、回归自然的心态普遍可见。亲情和谐,在广告中的表现往往为"三代同堂""只与家人共享""欢迎回家"。

环境美观,直接带来愉悦的心理享受,在各个因素中,造型外观最被看重,光线、色彩次之,质感肌理较少提及。这一方面可以看出房地产广告对环境的描述,主诉宏观、普适的美感,质感肌理等微观细节受限而无法诉求。另一方面,也可以推断消费者对环境的审美体验主要依赖于视觉上的美感。

历史感的诉求上,各个因素出现频率都比较少,历史名人和历史事迹两个因素均未体现。房地产广告在诉诸历史感时,围绕年代时长表达比较常见,而可能受位置因素影响,人物事迹地点等因素甚少提及。

4.环境审美方式在房地产广告中的体现

通过归纳涉及感官的词汇,房地产广告中诉求环境审美的方式如表10所示。视觉当仁不让地成为第一感官,触觉第二,听觉味觉和嗅觉的比例均很小。但是,联觉和通感等代表更为深化的审美体验方式,占比约三分之一。

表10　广告中感官词汇分布(n=187)

排名	感官
1	视觉(73.5%)
2	其他(25.8%)
3	无(18.7%)
4	触觉(11%)
5	听觉(5.2%)
6	味觉(4.5%)
7	嗅觉(0.6%)

表11　联觉出现频率(n=45)

两种感觉	三种及以上	总计
24.5%	4.5%	29%

5.房地产广告中的环境类型及其图文比

可以看出,自然风景和楼盘是房地产广告最常用的图像组合,且比重最大。将居住环境融入自然,是普遍的表现手法,这象征人与自然亲近和谐的关系。

表12　房地产广告中的环境类型及其图文比(n=155)

排名	最大比重的环境类型	第二大比重的环境类型
1	无(31.6%)	无(31.6%)
2	自然风景(25.2%)	楼盘(23.9%)
3	楼盘(21.9%)	其他(18.7%)
4	其他(7.1%)	自然风景(9%)

续表

排名	最大比重的环境类型	第二大比重的环境类型
5	人物(7%)	人物(5.3%)
6	城市(3.2%)	周边配套(5.2%)
7	小区(2.6%)	标志性景观(3.2%)
8	标志性景观(2.6%)	小区(2.6%)
9	周边配套(1.9%)	城市(0.6%)
10	农村(0.6%)	农村(0%)

6.环境美的修辞表达

笔者从所选取的样本中收集到涉及环境审美的短语词汇共计 56 条,通过整合归纳,大致可从以下两个方面探究其表现手法以及背后隐含的符号意义。

(1)对环境的审美体验。所搜集的短语词汇中,23 条含有明确的感官字眼,其中,视觉感官的运用最为频繁,主要是"瞰""阅""瞻""观""看"等动词。它们都呈现为从远处、高处观看,依照中国传统的山水画表达,这里所说的风景都是"平远"山水,相应的,风景给人的观感是恢弘辽阔,形容词有"阔""开阔""阔绰""宽""浩瀚""大美"。这一视角能对环境有全瞻式的整体领略,让人油然而生"神飞扬、思浩荡"之情,和中国自古推崇的"囊天地于心中"的宇宙环道思维息息相关。但不可否认,也由于这一有距离的远观视角,环境和人呈明显的分离状态,人以"静观"态度对待环境,视环境为审美对象,并不充分投入。

审美体验的丰富性常能从通感联觉中反映出,在房地产广告中,联觉的修辞虽不多见,却常使用"视觉＋触觉""视觉＋听觉"两种形式,代表审美方式的常见形态。如"收纳阳光清风",就从视觉和触觉来表现,"阳光清风"给人以沐浴在明亮光线之下感受风从肌肤抚过的惬意享受;"山语听溪"则从视觉和听觉来表现,一边欣赏山水风光,一边聆听溪水潺潺,还运用拟人的修辞手法,将山和溪水化作有口有耳之人。

(2)人与环境的关系。房地产广告中的环境,以城市环境和自然风光为主,前者如"湖城繁华""阅海美宅""宽景园林""阔景温泉",后者有"一品江山""湖隐层峰""山湖湾海""壮阔湾区",作为"人化的自然",它们与人类的关系(相比于那些偏向崇高美的风景)更为亲密、和睦。因此,广告表述人与自然的关系之一,就是亲切感,这些表述有"亲海无距离""山海居住梦想""世界岛,心灵湾""境高远，心悠然""明心净性""鸟语虫鸣"等，自然被当作人们的家园，不仅可以从中获得心灵的放松和精神的愉悦，还能以自然为"比德"，从中陶冶情操，体悟人生智慧。

同时，广告中另一种突出的关系表达则是掌控感，这些词汇比上述亲近的表述更为普遍，如动词"坐拥""尽纳""奢藏""奢享""收纳""争藏""尊享""指点""玩赏""拥""揽"，无一不显示居住者对风景的全面掌控；又如"做湾主"一语明确揭示主体和掌权者；有的表述显示掌权者高高在上的心理感受，如"无意争锋自成峰""全城观候""巅峰仰止"。从修辞技巧而言，这是夸张手法，以便更好地传达环境优势。但笔者认为，这至少反映出两个方面的问题。其一是自然和环境日益成为稀缺资源，如陈望衡指出的："自然当其作为人的价值物时，主要有两种情况：一是作为资源，二是作为环境。"随着城市化的进行以及人类对自然资源的掠夺，原生态的自然景观越来越少，环境的稀缺性使得人们对其奉若珠宝。"争藏岛内最后一片湖""生活、观景双重奢享"等广告语足以反映出人们对自然的渴望、珍视。其二，如果自然变成有价值的资源，拥有它便成为衡量人的社会成就的标准，因此广告反映出人对于身份、地位的看重，与直接显摆金钱不同，这里的尊贵和富足，通过占有稀缺资源——风景——来达成。固然，环境以及环境审美的重要性在广告中得到充分展示，但笔者赞同柏林特的观点，把属于公共领域的自然风光变成个人私有财产，不利于环境生态发展，"成片的房子拔地而起，把本来天然的江湖变成自己家的后院，禁锢了天然的野趣和美丽"。

三、结论及展望

根据内容分析及文本分析的结果，本文对房地产广告所进行的环境美学观照可以得出如下结论：

（1）环境诉求成为常态。房地产广告中，无论是楼盘名称、标题还是正文，几乎都在宣扬环境的重要性，环境诉求非常普遍。

（2）"宜居"是房地产广告的首要关注点。宜居思想在房地产广告的诉求中占主要比重，房地产能带给人需要满足、利益回报，房地产利于出行方便，最为消费者看重居住地区的安全性、自然环境本身的健康与否不是有吸引力的理由。生活—居是环境美学的主题，宜居归根结底就是让居住者能够在所处的环境中生活得健康、舒适、称心如意。

（3）"山水之乐"成为房地产广告表现乐居思想的一大亮点。宜居是乐居的基础,乐居是宜居的更高层次,它侧重于精神层面的享受。在环境美学中,乐居主要是让居住者不仅悦耳悦目,还能悦心悦意。房地产广告强调居住环境给人带来的主要情感享受来自"山水之情",人人亲近自然、回归自然、享受自然美的天然需求被特别看重。在图文表现上,房地产广告通过风景与楼盘的组合手法来渲染人与自然共处一室的美好状态。

(4)视觉仍是主要的环境审美方式。房地产广告显示视觉欣赏仍然是环境审美的主要方式,外观优美,光线充足等因素是最吸引人的地方,偶有联觉应用,主要是视听结合。这与环境美学的主旨不符,后者强调感知的全息性,应综合运用各个感官,追求与环境的交相感应,与环境融为一体,全身心投入其中。

(5)亲近感和掌控感是人与环境的关系。从审美体验的方式和人与环境关系两个方面,都能发现房地产广告中反映的审美关系,既有居住者亲近自然、回归自然,视自然为家园的一面,也有掌控自然、占有自然,显示人的主体性的一面。

(6)"乐居"思想有待进一步彰显。宜居和乐居两种思想都在广告中有鲜明的体现。广告作为社会文明的折射,必然反映消费者的生活形态和主流价值观,因此可以说,当前民众对环境美的追求是有意识的,对环境的审美性和人与自然的和谐关系是渴求的,正如陈望衡所说,"诗意地安居,意味着人与环境的关系……是一种相互肯定、相互渗透、相互有利的亲和关系"。随着城市建设、交通配套的逐步完善,居住环境提供的利益好处和方便卖点可能逐渐淡化,对居住的精神满足要求越来越关注,宜居向乐居的过渡应是环境审美的发展方向,但目前相较于"宜居"思想,"乐居"思想在房地产广告中的表现仍有欠缺,且对其的诠释不够到位,蜻蜓点水。不少广告还只停留在"告知"阶段,而未进一步进行"感化",无法打动受众。因此,掌握环境美学的核心理念,有意识地将其强化、渗透到房地产广告中具有一定的社会意义和价值意义。同时,我们也应看到,居之乐,不是一般的快乐,也不是指娱乐,而是指幸福。幸福不是幸福感,而是兼顾物质与精神,而且物质处在基础层面。乐居是在宜居层次得到充分发展后的自然生成,只有当物质基础得到充分满足,人对生活的追求才开始转向精神层面,目前房地产广告仍以利益为卖点,说明生活—居的理想环境关系任重而道远。

参考文献

[1]陈望衡.环境美学的兴起[J].郑州大学学报,2007(5):.80.

[2]史建成.论环境美学的历史及其现状[J].美与时代,2014(9):26—29.

[3]王歘.近十年来国内环境美学研究述评[J].上海大学学报,2011(5):57—66.

[4]赵玉.当代西方环境美学的内在问题[J].文艺理论研究,2012(11):95—100.

[5]谭好哲.当代环境美学对西方现代美学的拓展与超越[J].天津社会科学,2013(5):113—119.

[6]陈国雄,李信.超越美学的美学——环境美学的学科特征[J].郑州大学学报,2015(1):106—109.

[7]潘华琴.重归自然之径——阿诺德·伯林特环境美学思想研究[J],苏州大学学报,2012(6):166—170.

[8]韦拴喜.环境美学与身体美学:一种可能的融通[J].河南师范大学学报,2012(5):50—54.

[9]聂春华.试论环境美学中的身体问题[J].中州学刊,2012(5):198—202.

[10]陈国雄.悠然之见与中国传统自然审美方式[J].郑州大学学报,2013(5):99—102.

[11]王中原.自然审美、心理距离与风景如画[J].理论月刊,2012(12):64—67.

[12]陈望衡.城市如何让生活更美好——环境美学的视角[J].郑州大学学报,2012(1):12—15.

[13]晏杰雄.生活(居):一种理想的环境审美模式[J].郑州大学学报,2014(1):104—108.

[14]薛富兴.艾伦·卡尔松论建筑美学的生态学方法[N].南开时报,2012(1):123—131.

[15]张春燕.卡尔松建筑美学"存在"理论再思考[J].山西师大学报,2014(2):55—59.

[16]廖建荣.环境美学与生态美学[J].郑州大学学报,2012(1):5—7.

[17]程相占.论环境美学与生态美学的联系与区别[J].学术研究,2013(1):122—131.

[18]艾伦·卡尔松,赵卿,程相占.生态美学在环境美学中的位置[J].求是学刊,2015(1):115—119.

[19]袁柯.房地产广告的营销策略[J].新闻爱好者,2011(5):74—75.

[20]王学平.我国房地产广告策略研究[J].生产力研究,2009(10):133—135.

[21]高小嵩.房地产广告策划中的诉求热点[J].企业改革与管理,2011(7):77—78.

[22]罗志芬,戴玥,黄合水.房地产报纸广告内容分析[J].广告大观理论版,2006(5):19—25.

[23]张枭,张琳,徐广静.限购令下中国房地产广告的突围策略研究:以基于目标购房者心理需求的广告诉求策略为例[J].新闻知识,2012(12):103—105.

[24]郑革委.房地产广告设计语境的创意表达[J].包装工程,2007(10):151—154.

[25]常燕民.透析炫富房地产广告[J].当代传播,2008(2):87—89.

[26]杨先顺,吴凯娜.房地产广告中的炫富现象探析[J].新闻界,2012(6):25—28.

[27]苏特·杰哈利.广告符码——消费社会中的政治经济学和拜物现象[M].北京:中国人民大学出版社.2004:144.

[28]陈望衡.环境美学[M].武汉:武汉大学出版社.2007:117.

[29]约·瑟帕玛.环境之美[M].长沙:湖南科学技术出版社,2005:23.

[30]阿诺德·伯林特.生活在景观中——走向一种环境美学[M].长沙:湖南科学技术出版社,2005:8.

[31]陈望衡.环境美学的当代使命[J].郑州大学学报,2014(1):101—103.

[32]阿诺德·伯林特.环境美学[M].长沙:湖南科学技术出版社,2006:40.

[33]陈望衡.环境美学[M].武汉:武汉大学出版社.2007:84.

[34]陈望衡.环境美学是什么[J].郑州大学学报,2014(1):102.

公益广告研究案例

——厦门大学"匀饭处"

李伟娟　项　倩　李丽芳　李晗露

（厦门大学新闻传播学院,厦门,中国,361005）

—————— 摘　要 ——————

　　厦门大学食堂的打饭处设置了2两和4两两个窗口,流水线式定量提供米饭,固定的饭量很多时候与师生的实际饭量并不相符。通过对厦大师生的前期调查,我们发现取饭太多是剩饭的主要原因,因此我们倡导"光盘≠撑下去,光盘＝适量取饭",奉行自己动手、自我控制的分享原则,在厦门大学海韵一期餐厅和东苑餐厅设置匀饭处。通过效果对比监测,发现匀饭处设置后剩饭率减少13.11％,剩菜率减少50.42％,光盘率提高18％。

关键词:光盘;匀饭处;公益活动

　　中华民族自古以来就崇尚勤俭节约的精神,不仅兼顾当代人的利益,也兼顾子孙后代的利益。节约米饭对减少饥饿人口,造福人类和子孙后代都有重大的意义。

　　2014年厦门大学校内学生机构积极响应"光盘行动"号召,开展了光盘随手拍、光盘行动创意作品评选等活动。活动使用线上和线下相结合的方式进行宣传,活动形式也借鉴当时的社会热点(比如光盘挑战借鉴冰桶挑战),但总的来看,我校开展的活动与其他高校的活动大同小异,从新媒体的传播量看,宣传效果也不佳。最主要的是这些活动未深入食堂了解光盘的情况和原因,这样的结果是大部分活动都昙花一现,即使是长期张贴宣传标语,随着时间推移,效果也会越来越弱。为了在厦大内更好地推行光盘行动,我们在调研的基础上设置"匀饭处",通过系列活动进行推广。

一、前期调查

（一）联想投射法

为了更好地了解学生剩饭的原因，我们使用联想投射法对来自不同学院的 15 名同学进行调查，其中男生 6 名、女生 9 名。分别让他们用 10 个词语描述"剩饭这件事""剩饭的人""光盘的人"，结果如表 1 所示。

表 1　剩饭原因调查

问题	联想词归类	联想词语
剩饭这件事	原因性词汇	教育、观念、生活质量、素质、浪费、节约、腐败、请客、减肥、饿、难吃、挑食、有钱任性
剩饭的人	原因性词汇	素质、习惯不好、浪费、娇生惯养、矫情、任性、家庭影响、自制力、心情不佳、挑食、减肥、食量小、难吃
	人群性词汇	女生、小孩、瘦子、富二代
光盘的人	原因性词汇	健康、好习惯、坚持、节约、环保、修养、自律、家教好、有责任、响应号召、强迫症、点的少、穷、饿、吃货、能吃、好吃
	人群性词汇	男人、学生

通过对 15 名同学的联想词汇进行分析，我们发现被调查的同学们未从宏观的角度如世界贫穷问题看粮食浪费问题，也未将剩饭问题上升到道德层面，一方面，生活中的剩饭问题十分普遍，光盘活动未引起普遍重视，另一方面，证明了以往很多诉诸道德的节约粮食的标语作用十分有限。根据被调查者的特征，我们进一步推测经济条件不同的人联想词汇的正负性不同，经济能力较低的同学容易将光盘与消极词汇联想在一起，经济能力较高的同学认为光盘是美德。

（二）问卷调查

经过资料搜集和前期的调查，我们初步生发出"匀饭处"的创意。为了进一步了解剩饭的原因，对"匀饭处"的可执行性进行分析，对潜在问题进行预估，我们进行了问卷调查。调查的问题主要有：剩饭的原因是什么？以往的光盘标语效果如何？如果设置匀饭处，参与意愿如何？会存在什么问题？我们

对回收的学生填写的问卷进行分析,得出以下结论:

(1)剩饭的主要原因:菜不合胃口或本身饭量小。

(2)不少同学表示向打饭师傅提出打特定量米饭的要求比较麻烦,尤其是用餐高峰期。而且就算提出了要求,打饭师傅所打的量也未必符合预期。

(3)以往的光盘宣传口号作用小。大部分同学表示看过类似标语但是未被触动。

(4)大部分同学认同匀饭处的设置,但是认为卫生、效率、去向问题值得考虑。

二、方案构想

据调查,思明校区一共 8 个食堂,全部设置了 2 两、4 两的打饭窗口。设置 3 两打饭窗口仅有南光食堂二楼,无一餐厅设置 1 两打饭窗口。而在学生群体中,对 1 两、3 两的需求存在,平时由于觉得麻烦、人多时打饭窗口拥堵或者其他原因而未向师傅提出打特定量的要求,或者提出了要求,打饭师傅所打的量依然不符合预期,导致不能适量取饭而浪费。

1.方案创意

设置匀饭处,关于匀饭处,我们的创意设想围绕匀饭处的造型创意展开联想,主要方案如下:

(1)设计成透明动物的模型,比如可爱卖萌的猫咪,引发大家匀饭的兴趣。

(2)设计投票箱,每个食堂投票选出最难吃的菜,然后每天最难吃的菜不能再次出现。

(3)打饭师傅旁边设置简单的盘子。

2.解决问题

针对之前问卷调查中同学们普遍关注的卫生、效率和去向问题,我们提出以下解决方案,如表 2 所示。

表 2　匀饭处的问题及措施

问题	措施
卫生	匀饭处设置在米饭窗口旁边,打饭师傅可以帮忙监督。
效率	对食堂进行考察,合理地将匀饭处设置在不会造成打饭人群拥堵的位置。
去向	运用"分享"的理念,匀饭处的米饭可以让饭打得不够的人去添,也可以重新打给其他人。

综合问卷调查的问题和分析，最后我们决定在师傅旁边设置匀饭处，分享出来的米饭，盛给需要取饭的同学或者再次回收。

三、研究设计

（一）定义光盘行动

从结果层面，光盘包括不剩饭和不剩菜。我们将光盘定义为不剩饭，排除不剩菜的含义。这是由于饭的来源一定，质量稳定，烹饪方法一定，口味在一定时间内无法变化。经常在食堂吃饭的同学在一定时间段内口味、饭量是稳定的，同学们可以预估饭量。菜因为工序的烦琐、原料的众多以致质量、口味不稳定，所以同学们吃菜的量不能准确预估。同时，厦门大学的米饭有补贴，同学们打饭不需要花钱，打多打少都一样，不存在花的钱一样，打的饭少而产生的攀比或不平衡心理。

从原因层面，光盘包括吃光食物和适量取食。我们取"适量取饭"的定义，因为单方面要同学们吃完所有的饭既不符合实际，也不能体现人文关怀。

（二）实验的有效性

为了对学校食堂剩饭情况进行了解，我们于 2015 年 10 月 21 日 12：15—12：20 在芙蓉餐厅、东苑餐厅、南光餐厅的餐盘回收处对总人数（指规定时间段内将餐盘送到回收处的人数，排除拿面碗的人数）、剩饭人数进行统计（指规定时间段内将餐盘送到回收处的人中，剩下至少一口米饭的人数），同时计算出剩饭率（剩饭的人数／总人数），如表 3 所示。

表 3 剩饭情况调查

地点	剩饭	不剩饭	总人数	剩饭率
芙蓉餐厅	11	62	73	15.1％
东苑餐厅	15	21	36	41.7％
南光餐厅	8	21	29	27.6％
合计	34	104	138	24.6％

调查结果显示：总体上，剩饭率是 24.6％，剩饭的情不严重，但存在；不同餐厅剩饭的情况不同，有的较为严重，比如东苑餐厅，剩饭率高达 41.7％，是三

个餐厅中剩饭现象最严重的。东苑餐厅的剩饭现象最为严重,因此选择东苑餐厅作为实验地点,具有有效性。

(三)实验的可行性调查

厦门大学在厦门的校区有两个,翔安校区有两间食堂,思明校区本部食堂一共有八间食堂。为了实验顺利进行,需要合理设置匀饭处,我们走访了学校的各个餐厅,对实施匀饭处的可行性进行调查,如表4所示。

表4　餐厅可行性调查

校区	餐厅	可行性分析
翔安校区	一期竞丰餐厅	地点太远,不便利,排除
	二期东圆餐厅	地点太远,不便利,排除
思明校区	芙蓉餐厅	就餐高峰期明显,人数太多,人流拥堵;取饭处空间小
	东苑餐厅	取饭处较大空间,人数较为分散,不拥堵
	南光餐厅	就餐人数相对较多,有拥堵高峰
	海滨餐厅	专业集中,师生基本都是法学和艺术系,不适合做全样本
	凌云餐厅	取饭处位于拐角处,不是出于必经之路
	海韵一期餐厅	类似东苑餐厅,取饭处有较大空间,空间较大,不拥堵。
	海韵二期餐厅	取饭处狭窄,两边皆有通路,没有唯一通路
	勤业餐厅	正在整修中

我们依据以下四个原则挑选实验地点:

(1)便利性。选取距离较近的餐厅,实验才可持续,因为需要频繁的设计、修改和监测。

(2)醒目性。匀饭处是新兴事物,选取取饭处空间比较大的餐厅,才能突出匀饭处,使之醒目。

(3)可操作性。师生进行匀饭或者取饭需要时间,人流高峰应适当分散,餐厅就餐的人数不能太多太集中,取饭处不能太拥堵,否则,人流拥堵的时候匀饭会影响整个餐厅就餐效率。

(4)方便性。米饭取饭处设置在餐厅一边,要到打菜的地方仅有一条路可走,匀饭处设置在取饭处的旁边,在师生们的必经之路上,不必绕路。这样设置一方面保证大家可以看得到所有匀饭处的设置,另一方面大大节省有匀饭需要的老师们和同学们的时间，不必绕路。

基于上述的原则和可行性分析，我们选取东苑餐厅、海韵一期餐厅作为实验地点。

（四）匀饭处设置，匀饭处定义

在食堂米饭窗口的旁边设置一个空餐盘，同学们将吃不完的米饭提前匀到这个盘子里，一些同学饭打少时可以通过这个盘子加饭。我们将这个设置简称为匀饭处。匀饭处的设置位置如下：

1.匀饭处与米饭取饭处相对位置（如图 1 所示）

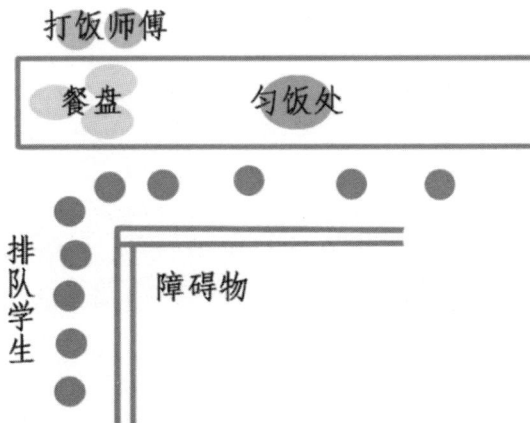

图 1　匀饭处与米饭取饭处相对位置图

2.实际匀饭处设置（如图 2 所示）
标语上追求简洁，材料易取。

图 2　实际匀饭处设置

（五）实验时间的选取

经过两天的实地观察，我们发现餐厅的用餐时间大致从 11：00 开始，11：30 出现第一个小高峰，是教职工和没有课的同学吃饭的高峰期。12：00 左右是第二个小高峰，是 11：55 下课的同学的吃饭小高峰时期。餐盘回收处的高峰在 12：20 左右。12：35 之后餐厅的人数相继减少。因此，我们正式推广的实验数据测量采用的是 11：55－12：15 匀饭的人数，12：15－12：35 餐盘回收处的人数。

五、推广方案

（一）两次预实验——找出潜在问题，完善实验方案

1.第一次预实验——匀饭可实行，推广有必要

实验地点：海韵 I 期餐厅餐厅一楼。

实验时间：2015 年 11 月 1 日晚上 17：00－18：30。

实验标语："匀饭处：打多了？匀这里吧！"

实验效果：实验 6 人匀饭，5 女 1 男。

实验调查：在餐盘回收处随机拦截剩饭的同学，询问是否看到匀饭处，知道匀饭处的作用吗？

实验经验和教训：

（1）匀饭处具有可行性，有设置匀饭处实验的必要。

（2）通过在回收处随机采访同学，发现大多数人未看到匀饭处，也不知道匀饭处的作用，有必要进行推广，在第二次预实验的时候施行。

（3）实验过程中，观察到有用餐的同学说"今天师傅打饭太少了"，经过观察，发现师傅确实存在故意少打饭的问题，即霍桑效应。我们采访打饭师傅后发现，师傅以为我们做这个实验是在责怪他们平时给学生打的饭多了，经过解释，我们是为了提高排队效率，让师傅可以更快满足广大师生的食量需求，食堂师傅释然了，打饭恢复常量。

（4）实验中，我们发现，带头人的作用很明显。小组成员到匀饭处匀饭，用餐的同学发现匀饭处，参与匀饭。

图 3　第一次预实验效果图

2.第二次预实验——简单两标语,效果翻 5 倍

实验地点:海韵 I 期餐厅餐厅一楼。

实验时间:2015 年 11 月 2 日中午 11:30—12:30。

实验标语:"良辰有 100 种让你匀饭的方法,这是其中一种! 匀饭处。"

米饭刷卡机下的标语:"打多了? 匀到这里吧→。"

实验效果:实验 27 人匀饭,4 人取饭,19 女 12 男。5 人用手机拍标语。

实验调查:在匀饭处的取饭点随机采访匀饭的同学,询问他们的感想。大部分的女同学会用"贴心""很好"形容匀饭处。

实验经验和教训:

(1)在米饭刷卡器下面,贴了匀饭处的指引性标志。选择贴在这里是因为,经过我们的观察,发现每个人刷米饭的卡时,刷卡器下方是视线一定会触及的区域。所以,在此处贴标语,理论上每个人都会注意到下面的这张纸条,仅仅这张标语,就解决了大家不知道匀饭处的问题。

(2)借势营销效果好,因为叶良辰在 11 月份还是贴吧的热点,大家对这些事情有一定的新鲜度,更愿意参与这样的实验,还有意外拍照分享,引起二次传播。

(3)经过统计,发现匀饭的高峰期是 12:00—12:10 和 11:30—11:45。

(4)很多同学虽然看到提示,但是部分同学并不知道匀饭处如何使用,进行大的推广有必要。

图 4　第二次预实验效果图

（二）海韵实验——光棍节"剩男剩女不剩饭"匀饭活动

实验地点：海韵 I 期餐厅。

实验时间：2015 年 11 月 11 日中午 11:00—12:30。

活动理念：分享米饭。

实施的活动主题："剩男剩女不剩饭，光棍节匀饭活动"。

实验活动的意义

（1）通过匀饭处，唤起同学们适量打饭的意识，进而唤醒大家的光盘意识，养成节约的好习惯。

（2）通过标语的设计来养成同学们匀饭的行为。

（3）通过双十一来引发大家匀饭的兴趣，吸引大家对活动匀饭的关注度。

（4）通过自助匀饭，减少打饭窗口滞留时间，形成流程化打饭，提高效率。

实验宣传设置：

（1）米饭窗口处的标语："饭多吃不完，为何不到【匀饭处】匀出一点？饭少不够吃，为何不到【匀饭处】再取一点？"目的在于在用餐者必看地方设置标语，提醒大家匀饭处的存在。

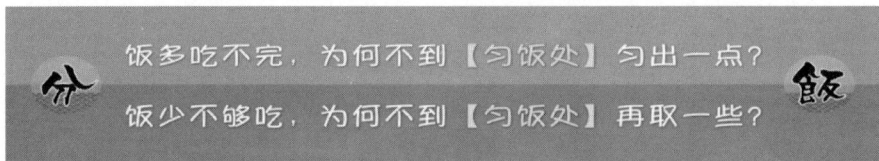

图 5　光棍节"剩男剩女不剩饭"米饭窗口标语

（2）匀饭处张贴匀饭处的标语。目的在于提示大家匀饭的位置。

图6 光棍节"剩男剩女不剩饭"匀饭处标语

（3）地贴：从门口进入到排米饭的窗口处张贴6张地贴，使得在排队等米饭的时候可以观看地贴。

地贴的内容依次为：

"双十一的十一点十一分 我跟我的胃都感到很寂寞"。

"为什么师傅给我打的饭和男生给我的爱一样少"。

"排队打饭不用手机聊对象看广告的都是单身狗"。

"今天搞什么活动戳中我的胃和我单身的痛点"。

"我们的目标是矜持打饭，优雅匀饭，杜绝剩饭"。

"海韵一期食堂【剩男剩女不剩饭】光棍节匀饭活动"。

图7 光棍节"剩男剩女不剩饭"地贴效果图

地贴的目的在于在排米饭的空余时间吸引同学们关注和阅读活动主题。引发大家对于光盘行动、节约粮食和匀饭处的理性思考。通过简洁有趣的设计和简单大方的排版，引发大家分享互动的热情。

（4）电子屏：每隔2秒过一次标语："剩男剩女不剩饭 光棍节匀饭运动"。

图 8　光棍节"剩男剩女不剩饭"电子屏标语

（5）饮料堆头：在匀饭处的对面，摆放酸梅汁的堆头。挑选最近的桌子，将酸梅汁摆放在上面是为了让参与匀饭活动同学领取，吸引师生们的注意力。

图 9　光棍节"剩男剩女不剩饭"饮料堆头

（6）活动海报设计。将海报放置在两个入口处的交汇点，可以使从两个门进入的人都能看到本次活动信息。

活动流程：在匀饭点参与匀出饭或者取米饭活动，可以免费在堆头处领取酸梅汁饮料一杯。

实验推广效果：

（1）匀饭前——关注度 & 美誉度。在匀饭初期，就有同学们对地贴、海报和活动形式感兴趣，拍照分享。短短几分钟内，就有几百的阅读量和点赞量。

图 10　光棍节"剩男剩女不剩饭"餐厅入口处海报

图 11　光棍节"剩男剩女不剩饭"线上传播

（2）匀饭时效果——上百人参与行动。作为即时奖品的酸梅汁 100 杯已经全部分发完毕，有些同学平时需要匀饭，也参与匀饭活动，他们虽然匀饭，但并不领取饮料作为奖品。一共有超过 100 人参与在 11 月 11 日中午参与本次活动。

（3）匀饭后效果——泔水量减少了半桶。据回收处的阿姨介绍，平时一般有 3 桶左右的剩余泔水，但因为活动参与人数增多，当天只有 2.5 桶泔水，比平时减少半桶。

（三）东苑实验——圣诞节"圣诞不剩饭，匀饭送饭团"活动

实验地点：东苑餐厅。

实验时间：12月25日中午11：00—12：30。

实验理念：分享米饭，光盘行动，勤俭节约。

实施的活动主题："圣诞不剩饭，匀饭送饭团"。

实验活动的意义：

（1）通过自助匀饭，减少打饭窗口滞留时间，形成流程化打饭，提高效率。

（2）此时距离光棍节匀饭活动已经过去一个多月的时间，匀饭处的影响已经慢慢淡化，需要刺激来激发大家的记忆。

（3）数据搜集，因为光棍节的活动未提前做好数据搜集，希望借由这次活动进行数据统计。

实验宣传设置：

（1）海报设置在打饭窗口和匀饭窗口的左侧，这个位置便于吸引打饭队伍的眼球。

图12 "圣诞不剩饭，匀饭送饭团"活动海报

（2）话语引导：在海报附近对匀饭活动进行讲解，重点针对对活动海报和匀饭活动有兴趣的老师同学，鼓励他们参与活动。

活动流程：

（1）6名组员负责饭团的制作。

（2）在匀饭点参与匀出饭或者取米饭活动，既可以免费领取萌萌哒的饭团一个。

图13 "圣诞不剩饭,匀饭送饭团"饭团制作

图14 "圣诞不剩饭,匀饭送饭团"活动引导

实验推广效果:

100余人参与活动。

实验共分发82个饭团,实际参与圣诞活动超过100人。

(四)常态化设置

常规设置的地点:海韵一期食堂,东苑餐厅。

海报设置:结合期末考试的主题,结合我们对匀饭活动创意的理解,设置四个选项,对匀饭的活动理念进行宣传推广。这不仅是一张海报,也是对同学们节约意识的考试。

匀饭处的设置:

(1)常规化和简易化:为了便于匀饭处的推广,借助餐厅原有的工具材料进行匀饭活动。

(2)三组材料:菜盘;勺子;"匀饭处"的提示语。三个材料是最简单易找的,不用另外寻找材料,降低推广成本。

(3)匀饭处效果图。

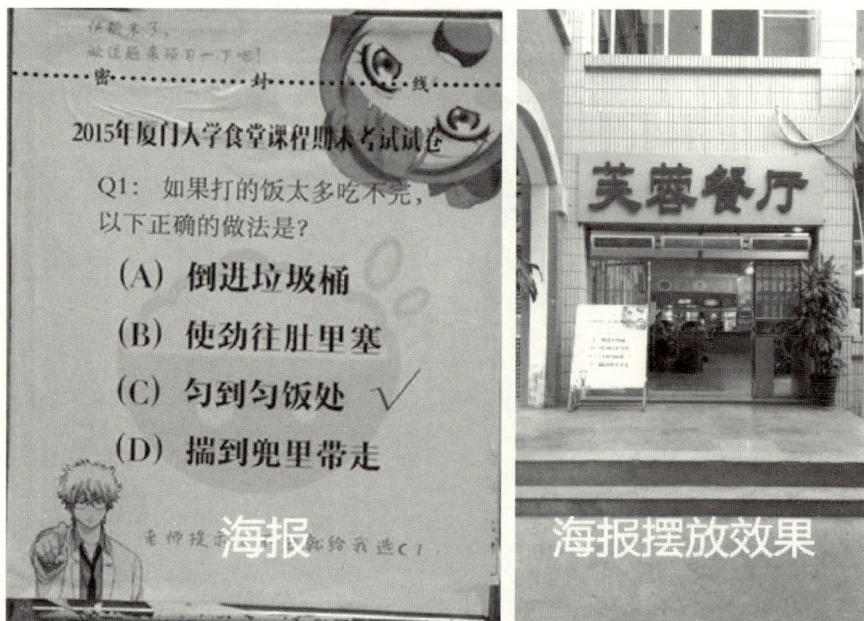

图 15　光盘考试题海报

图 16　匀饭处常规设置图

六、效果测量

(一)数据搜集和分析——对比东苑餐厅和海韵二期餐厅

1.地点选取

实验组:东苑餐厅,实验的最理想的两个地点之一。

对照组:海韵二期餐厅,就近的原则选取的对照点。

设置对照组是为了防止天气、课程等因素对实验结果的影响。

2.时间时刻选取

匀饭处设置前:11月24日、11月26日、11月27日作为实验前的参照数据。

匀饭处设置后:11月29日、11月30日,12月13日、12月14日作为实验数据采集。

匀饭人数统计:11:55—12:15。

餐盘回收人数统计:12:15—12:35。

3.数据变量

(1)直接效果指标——匀饭人数。

(2)最终效果指标——剩饭、剩菜、光盘,每个层面有绝对指标和相对指标共6个,分别如下:

剩饭率 k = 剩饭人数 k/总人数 k(k = 东苑餐厅、海韵二期餐厅)。

剩饭相对比 = 东苑剩饭率/海韵二期剩饭率。

(比值大于1,东苑剩饭的较多,比值小于1,东苑剩饭的比海韵二期剩饭的人数少。比值越小,证明东苑剩饭的比例在下降,效果越好。)

剩菜率 k = 剩菜人数 k/总人数 k(k = 东苑餐厅、海韵二期餐厅)。

剩菜相对比 = 东苑剩菜率/海韵二期剩菜率。

(比值大于1,东苑剩菜的较多,比值小于1,东苑剩菜的比海韵二期剩饭的人数少。比值越小,证明东苑剩菜的比例在下降,证明东苑匀饭活动带动同学们吃的菜变多,剩菜的数量明显减少。)

光盘率 k = 光盘人数 k/总人数 k(k = 东苑餐厅、海韵二期餐厅)。

光盘相对比 = 东苑光盘率/海韵二期光盘率。

(比值大于1,东苑光盘的较多,比值小于1,东苑光盘的比海韵二期剩饭的人数少。比值越大,证明东苑光盘比例在上升,达到通过匀饭活动最终到达光盘的效果,比值越大,光盘效果越好。)

1.数据分析

(1)直接效果指标——匀饭人数(统计时间 11:45－12:15,总计 20 分钟,11 月 29 日、11 月 30 日,12 月 13 日、12 月 14 日设置匀饭处后的四天时间)。

表 5　东苑餐厅匀饭人数统计

日期	匀饭人数	盛饭人数	总人数
11 月 29 日	16	2	18
11 月 30 日	8	0	8
12 月 13 日	27	7	34
12 月 14 日	35	5	40

除去特殊日期、天气影响,在周一至周五的工作日通过匀饭处自主匀饭或取饭的人数稳定在 30 人左右。

(2)最终效果指标。

剩饭相对比(指标 1):1.22→1.06,降低 13.11％;

剩菜相对比(指标 2):1.19→0.59,降低 50.42％;

光盘相对比(指标 3):1.10→1.18,提升 18％。

具体数据及计算方法:

表 6　效果测量及计算

		11 月 24 日	11 月 26 日	11 月 27 日	11 月 29 日	11 月 30 日	12 月 13 日	12 月 14 日
东苑	剩饭	32	32	30	27	25	34	26
	剩菜	33	37	45	34	25	18	30
	总人数	246	184	209	204	198	204	227
海韵二	剩饭	47	48	34	44	39	57	26
	剩菜	51	55	52	58	61	75	85
	总人数	429	303	325	294	312	308	324
相对比	剩饭相对	1.187	1.098	1.372	0.884	1.010	0.901	1.427
	均值	1.22 对照组,未设匀饭处				1.06 实验组,设匀饭处		
	剩菜相对	1.128	1.108	1.346	0.844	0.616	0.362	0.504
	均值	1.19 对照组,未设匀饭处				0.59 实验组,设匀饭处		
	光盘相对	0.891	1.140	0.981	1.143	1.124	1.177	1.293
	均值	1.10 对照组,未设匀饭处				1.18 实验组,设匀饭处		

剩饭相对比(指标 1):

对照组的剩饭相对比的均值＝(11 月 24 日＋11 月 26 日＋11 月 27 日)/3＝1.22。

实验组的剩饭相对比的均值＝(11 月 29 日＋11 月 30 日＋12 月 13 日＋12 月 14 日)/4＝1.06。

剩菜相对比的减少率＝(对照组－实验组)/对照组 * 100％＝13.11％。

剩菜相对比(指标 2):

对照组的剩菜相对比的均值＝(11 月 24 日＋11 月 26 日＋11 月 27 日)/3＝1.19。

实验组的剩饭相对比的均值＝(11 月 29 日＋11 月 30 日＋12 月 13 日＋12 月 14 日)/4＝0.59。

剩菜相对比的减少率＝(对照组－实验组)/对照组 * 100％＝50.42％。

光盘相对比(指标 3):

对照组的光盘相对比的均值＝(11 月 24 日＋11 月 26 日＋11 月 27 日)/3＝1.10。

实验组的光盘相对比的均值＝(11 月 29 日＋11 月 30 日＋12 月 13 日＋12 月 14 日)/4＝1.18。

光盘相对比的减少率＝(实验组－对照组)/对照组 * 100％＝18％。

5.效果解释

(1)直接效果,参与匀饭活动,受到活动传播效果的影响。在 12 月初张贴食堂期末考试的海报后,参与匀饭的人数明显上升。

(2)最终效果中,总体看是有效的,但是具体到每一天,效果有所波动,这里面的因素太多。

(3)总体效果中,匀饭处设置后,光盘率提高了 18％,是一个比较可喜的成果。这其中的原因,一部分是米饭浪费减少,一部分是剩菜减少带动光盘率。剩菜减少也可能是因为米饭减少而吃菜变多引起的,所以匀饭可以带动菜的销售有假设依据。

(4)不能达到理论上,所有人都完全光盘。是因为在原来剩饭的人的原因调查中,有一部分人是习惯剩碗底、减肥故意少吃等原因,不属于匀饭活动可以改变的范围,部分人的习惯没有办法改变。

(二)传播效果

本次的公益运动,有两次大的活动,传播效果在各次活动介绍时展示,对

于本次活动总体的传播效果,是借助学校的膳食委员会,联合学生会的权益部进行推广。具体的效果如下:

(1)厦门大学学生会官方微信转发消息:阅读量:3 522;点赞数:130。

(2)厦门大学官方微博转发匀饭消息:粉丝数:336 341人;转发:14人;评论:12人;点赞:73人。

图17　匀饭处传播效果

七、结论:公益广告的成本—收入模型

Make a difference是每个广告人的梦想,这个梦想从影响消费者开始。

影响消费者行为的有很多方法。潜意识广告实际上利用消费者的潜意识知觉进行广告刺激,因为道德原因被美国明令禁止。在日常生活中,最常见到的是有意识的广告,就是受众或者消费者意识到自己需要付出一些东西以此来换取另一些东西。我们目前的成本—收入模型就是来讨论符合有意识活动的活动,可以用来预测活动的参与程度。

某些公益行为或许会改变人们的生活习惯,产生不方便、不舒服的感觉,这种不舒服与不方便就是成本。因为公益活动的公益属性,所以金钱等物质奖励很少成为其嘉奖的手段。如果人是理性的,就不会去做一件只付出而无收获的事情。对于人们来说,公益活动中的收益更多是精神方面的。处于社会关注目光下的人所做的所有事情都会受到他人的评判,这种评判包括褒扬与批评,获得褒扬是收获,避免批评也是收获。

公益活动的收入和成本就像天平两端的重物,谁的分量大,就偏向于那一边,比如付出的成本比收入大,人们不会从事这个公益活动。需要指出的是,每个人对于同一个公益活动的评价会有所不同,比如匀饭活动,就成本而言,有的同学觉得成本仅仅是花两分钟时间,有的同学觉得成本是克服匀饭的恶心。成本是两分钟的同学,要比那些觉得恶心的同学更容易改变。消费者的分析因人而异,我们可以做出假设,如果是极具社会性人格的人,会注重行为举止,对公益活动更容易接受。

同样一个人,同样的公益行为,在不同的地点和人物也会有不同的表现。比如很多人在他人面前很容易表现得很道德,但独处时,通常不会做。常见的如闯红灯,在没有其他人的情况下,成本减少了(交通事故发生率减少),收益增多,避免周围人的批评和舆论压力。在繁华的都市街道闯红灯,一方面舆论压力比较大,另一方面车来车往,发生交通事故的概率增大,成本提高,避免了大多数人闯红灯的问题。再如一个男生在大街上看到乞丐可能不会主动施舍,但如果和心仪的女生一同逛街,碰巧看到乞丐,很可能会大方施舍。单独出来,做公益的收入几乎为 0,而如果是有好感的女孩在旁边,一个小小的举动就会赢得美人的芳心,收入会大大增加。

目前很多光盘行动的理念倡导"节约是美德",这是从社会褒奖的角度出发,从提高受众的公益收入方面着手,这一理念只考虑增加收入,但忽略减少公益行动的成本。本文通过调查分析和厘清定义探究节约公益成本的可能性。原来光盘的成本是把多打的米饭硬撑吃下去,有损身体健康,现在的成本是花费两分钟时间成本匀一下饭,就可以达到光盘的效果,从这个角度来说,我们的活动降低光盘行动的公益成本,开辟了光盘行动理念的新领域。

活动的不足在于,虽然有效降低从事公益的成本,但是公益行为收入未得到大的提高——这个公益活动收入包括活动期间的直接奖品奖励,也包括由此获得的美誉、自豪感。平时应该加大宣传,营造节约为荣的氛围,让匀饭行为成为受人称赞的良好行为,从而提高匀饭活动的影响力。

倡导公益行为是目的,而公益活动是手段,但是手段不只是一种,行政法规中的处罚规定可以有效提高避免批评或者惩罚的收入,也是提倡公益行之有效的手段之一。

以资本为平台对广告
产业运营的重构
——省广股份的创见与创新

丁邦清

（广东省广告股份有限公司，广州，中国，510085）

———————————— 摘 要 ————————————

近年来，随着互联网的高速发展及其引发的传播、营销、商业模式、生活方式、社会形态等剧变，传统广告模式已经无法满足广告主的品牌营销传播的需求。面对互联网大潮掀起的巨大冲击波，本文以广东省广告集团股份有限公司为例，探索传统广告代理型企业转型为综合性整合营销传播集团的时代变革。

关键词:资本;广告;产业运营

从 20 世纪 70 年代末起航的中国广告业，三十多年来一路乘风破浪，一帆风顺。中国传媒产业发展报告(2015)指出，2014 年中国全年传媒产业总值首次超过万亿元，广告业界也经历从草莽阶段的野蛮发展到集中化发展的黄金时期。

近年来，随着互联网的高速发展及其引发的传播、营销、商业模式、生活方式、社会形态等剧变，传统广告模式已经无法满足广告主的品牌营销传播的需求。作为第一家在境内上市的广告公司，也是中国最早的广告公司之一，有着36 年历史的广东省广告集团股份有限公司(省广)，面对互联网大潮掀起的巨大冲击波，几年来不断探索，力图将创新与变革精神融入企业发展的各个环节之中，积极拥抱互联网，借助资本市场，打造平台战略，组建行业细分平台、专业细分平台等，从传统的广告代理型企业转型为综合性的新型整合营销传播集团。

一、互联网时代下广告模式的挑战

面对互联网时代浪潮的冲击,《哈佛商业评论》曾声称"传统营销已死",包括广告宣传、公共关系、品牌管理及大众传媒在内的传统营销手段终将失效,传统的广告公司、公关公司和传统媒体无不面临转型的变革。

(一)新媒体对广告代理制的挑战

2014年,百度公司的数字广告收入占全球数字广告总收入的4.68%,仅次于Facebook,比2013年移动广告收入增长逾3倍。而在中国市场,2015年百度将独揽近三分之一的数字广告收入。有研究机构预计,中国搜索市场将迎来强势增长,中国数字搜索广告市场总额将从2014年的100.5亿美元增至2018年的169.5亿美元。经过战略布局,阿里巴巴现已成为依托电商服务集聚庞大用户和流量基础,以广告营销作为流量变现手段的互联网企业。随着大数据技术的改进,未来广告位或将更有效地切割,满足移动端精准投放需求,满足竞价搜索广告向DSP展示广告的转型需求。2014年,阿里巴巴广告收入297亿元,占总收入57%,有望在2015年超越百度成为中国最大网络广告平台。腾讯亦加快整合旗下广告平台业务,打造涵盖媒体、搜索、社区、即时通讯业务、游戏、电子商务等新媒体业务的社区整合平台,建立完善的广告业务体系及生态系统。新媒体巨头BAT凭借技术、海量用户、数据采集及分析的强大优势,在媒体传播行业内不断扩张,传统广告公司的价值不断缩小。面临这样的转变,广告主变得焦虑不安,传统广告预算逐渐缩减,电波媒体和平面媒体的广告时长和版面资源开发均遭遇天花板,只有单一的传统广告业务在互联网时代的今天已无任何的生存空间。另外,面对日益发展的媒体环境,新媒体不仅仅起信息载体的作用,更成为信息的创造者。随着更多的企业拥有自媒体,广告业面临巨大的变化。

新媒体巨头与广告主的双重改变,传统的广告代理制面对去中介化的挑战,广告代理制面临巨大的生存危机。

(二)DSP和大数据对媒介购买的挑战

随着更多的传播工具和渠道满足企业市场营销的需求,曾经作为独立业务存在的企业大市场和大销售需求日渐趋同,而曾经包含与大市场体系之中的品牌广告需求、公关需求和狭义上的市场营销需求都失去其独立存在的必要。曾经作为独立业务体系的广告业务,也在企业的需求列表中排到次要的位置,或者说不再独立成为核心的需求,而其需求的功能和实质直接被融入对于以销售实现为目标的综合服务需求之中。依托于新媒体的广告形式因具有一对一、互动性强的特点而承担着广告与行销的双重功能。同时,日趋成熟的广告客户亦更看重自己的广告预算能否给企业本身带来销售利润,因此,广告客户要求传统的互联网广告售卖方式从 CPM 转变到 CPA 或 CPS。随着数据管理及数据分析的技术日臻完善,通过程序化购买实现的精准营销将是广告投放的必然趋势。

程序化购买与大数据的完善,对传统的媒介购买体系与作业流程的挑战,传统媒介购买的业务也面临生存之忧。

（三）信息渠道变革对大众传播的挑战

随着信息技术的不断变革和发展,随之而来的是传播者与受众传播需求、表达需求、内容需求等方面的变化。微信、微博、App 等新媒体伴随着泛媒体时代的到来,极大地改变消费者的日常触媒习惯。新媒体媒介成为我们获取信息、实现人际沟通交流的最重要的工具与信息渠道。2014 年,中国移动互联网用户平均每天启动 App 的时长达 116 分钟,人均每天微信阅读时长超过40 分钟。相反,中国消费者观看电视的时长仅为 89 分钟,远远低于人们每天花费在智能手机上的时间（170 分钟）以及花费在电脑上的时间（161 分钟）。百年前,人们获取信息主要通过报纸、杂志;十年前,人们获取信息的方式是通过电视与传统 PC 互联网;而如今,在 4G 网络高速发展的浪潮下,伴随着互联网的发展,智能手机、平板电脑等移动设备不断涌现,新媒体发展态势强劲,已严重威胁电视、电台、纸媒等传统媒体。在移动互联网时代,传统的媒介信息渠道,包括新浪微博、微信、App、Facebook、Twitter 等在内的社交网络将成为企业品牌推广的主阵地,这些社交网络媒体将成为消费者获取包括生活、购物、新闻等资讯在内的入口,消费者不仅在这里获取各种资讯,还通过这些媒体制造、分享各种资讯,包括和品牌、产品有关的消费及体验资讯。企业的各种宣传推广资讯可通过这些社交网络媒体精准到达粉丝及消费者,与他们进行直接的互动。

新的信息渠道的巨大变革,使原来基于大众传播的模式与传播渠道、大众传播方式、方法以及游戏规则都被改变。

（四）销售渠道改变对传统终端建设的挑战

对于传统商贸企业，互联网大浪潮下的电商冲击，最突出的是销售渠道受冲击，销售渠道扁平化趋势将无法避免，B2B、B2C、C2C、F2C（Factory to customer，工厂到消费者）彻底改变原有的销售渠道，传统企业的销售额被腰斩甚至是雪崩。PC 端及移动端网购销售额增长远超社会零售总额增长，网购占比会越来越高，天猫成为零售百强第一。电商格局已经步入稳定，天猫和京东成为电商平台和自营电商的两大寡头。对于消费者而言，消费场景的变化层出不穷。随着互联网电商等新兴渠道的不断崛起，消费者购买产品时的地理区域壁垒被打破，产品的利润空间不断挤压，促成消费者在电商、App、自媒体、电视购物等多种新兴渠道上进行交易。其中，互联网平台已成为 90 后信息接触及消费渠道的主要途径，比重更不断上升。90 后已成为网络消费人群的主体，超过九成的 90 后用户曾网上购物，接近一半的用户使用手机订票，四成左右的用户通过网络缴纳水、电、煤或手机费。90 后网购主要消费特征是通过碎片化的时间来进行多维度、多频次的比价、比较、浏览、咨询，最终选定需要的商品并进行在线支付购买。

传统销售渠道受冲击，原来广告业基于传统销售渠道的业务形态随之被冲击，传统的终端建设、地面活动、促销活动等就随之洗牌。

（五）直销化对传播专业化的挑战

随着移动互联时代的不断发展，消费者的衣、食、住、行等与生活息息相关的领域均受到颠覆性的改变，包括地图、团购、天气、酒店、美食、交友、娱乐，移动互联网正潜移默化地改变着信息时代下人们的日常生活。唯品会、美丽说、梦芭莎等服装电商平台让购物变得更加具体和多元化；大众点评带给消费者全新的体验感受，人们查找餐馆、美食不再需要在固定的传统 PC 前缓慢找寻，只要通过手中移动智能终端内置的 LBS 服务既能立刻寻找出附近的美食，甚至消费者评价；携程、去哪儿等 App 软件提供酒店团购及预订等多功能应用；Uber、滴滴快车等打车类软件提供快速、资源共享的出行服务，依托于移动互联网让人们的生活方式更为便利。

商业模式的直销化、一体化，使原有的品牌建设与传播模式的改变，从注意—兴趣—偏好—记忆等模式宣告瓦解，传播即销售，销售即传播等直销化的趋势愈发突出。

（六）碎片化对传统广告整合的挑战

如今越来越多的消费者反感甚至拒绝单向度的灌输型硬广，观众看电视时会刻意避开广告时段，阅读报纸时亦先抽去大部分广告版面，使得广告的作用效果大打折扣。因此，有数据表明，69％的广告主打算增加内容植入广告的使用频率，展示广告和富媒体广告将大幅度减少。视频营销中，38％的广告主表示将整合内容与广告，利用品牌自制内容、内容植入、冠名和赞助的形式实现品牌传播。因而，传统的单一广告媒介代理不再成为广告公司营业收入的核心。例如，广告企业及视频企业会涉足内容营销，转型为娱乐内容制作公司，深度介入 IP 知识产权的生产、艺人的培养、制片、发行、周边衍生产品的开发，打造完整的娱乐产业价值链。随着多屏互动的广告发展趋势，媒体融合已成为广告产业不可逆转的发展趋势。媒介融合使各种媒介呈现出多功能一体化的倾向性，广告公司应考虑将媒介打通，实行媒介之间的内容共享，利用媒介载体的广告形式外延实现传播效果的最大化。例如，广告要突破单纯的单渠道硬性植入，转而进行多渠道的、更为丰富的软性植入或隐性植入，将它们与显性的广告商业活动有机地结合起来，利用多方媒介更有效地触及潜在消费者，促使广告效果达到最优化。

新形势下的整合，不仅仅是传播渠道的整合，更是跨媒体的整合、跨界的整合，更是渠道与内容的整合，新整合的思维方式与操作方式发展根本性改变。

（七）及时互动化对传统创意的挑战

互联网时代中，共享经济、大规模合作彻底改变商业世界以及产品生产方式，传统的生产企业可利用互联网进行全球协作，形成更多的创新内容、产品和服务。在企业的知识互换和知识联结体系的基础上，众多的参与者可围绕着产品的生产，高度分工与协作，形成大规模协作网络。其中，维基百科是大规模协作的典范，其大部分页面都可以由任何一位网络用户进行阅览和修改。鉴于用户的广泛参与共建和共享，维基百科的内容共涵盖 282 种语言、2 100万个条目、3 200 万登记用户，总编辑次数超过 12 亿次。无独有偶，波音制造的下一代"梦幻 787"飞机，启用"风险共担－利益共享"的全球协作模式，有来自 6 个不同国家的 100 多家供应商参与。公司抛弃传统的飞机制造商角色，变成"大规模供应链集成商"，将多样的和全球分散的设计者和制造商团队整合成高度复杂和组织严密的系统，有效地削减成本、快速创新。

用户生产内容 UGC 对静态的、单向度的创意生产进行颠覆。对于创意人员而言,在消费者触媒渠道不断更迭的大创意时代,要求创意输出能够满足各种媒体接口,满足各类媒体、各种人群的需要,其中既有传统的平面、电视,也有微博、微信等社会化媒体,还有自媒体等方面的多类需求,创意及其呈现的技术、方式、渠道等正在剧变。

(八)广告主的改变对广告公司需求的挑战

互联网大潮剧烈冲击了企业的市场渠道与终端,一些传统企业销售额断崖式下滑,企业普遍的焦虑症与急功近利。广告主对广告公司的要求,绝大部分转向网络传播与销售的需求,传统广告公司的业务量大幅度减少,甚至取消。广告主对品牌建设愈发没有耐心与兴趣,对营销传播与销售的关联性要求愈加紧迫,从 CPC、CPA 到 CPS。广告主对于精准营销的业务需求迫使广告公司对大数据进行收集、归纳、分析。另外,程序化购买的逐渐成熟要求广告从业人员加强对市场销售的敏感度判断以及综合管理素质的培养。广告主更是与 BAT 等互联网巨头直接在传播渠道、传播内容、传播效果上合作。广告主直接建立互动的传播销售一体化的电商与网络销售公司,自己建立的消费者数据库。

广告主的需求与心理的改变,将直接促动广告公司的服务边界、服务形式、服务内容、服务人员、服务收费等的改变。

(九)跨界对广告行业边际的挑战

一方面,传统广告公司的业务范围发生改变,移动互联网商业形态最大的特点就是没有明确的业务领域划分,因此,广告公司的服务边界越来越模糊。在公关服务领域做到国内第一的蓝色光标,通过资本收购,从传统的公关服务领域转而进入更广阔的整合营销传播领域。2014 年,其广告业务板块的收入达到 31 亿元,首次超过传统公关的收入(28 亿元),这标志蓝色光标完成从传统公关至整合营销传播集团的完美蜕变。另一方面,日益衰落的传统制造业发展空间逐步缩小,多家传统行业集团通过股权收购,正式涉足广告传媒业,实行跨界创新,活化自身企业。其中,利欧股份原为工业及民用水泵制造企业,先后斥资收购万盛伟业、微创时代、碧橙网络、热源网络文化传媒及上海谢与骆广告,打通线上线下营销产业链,向数字营销公司积极转型。高速发展的数字传媒行业吸引各界投资,面对互联网的诱人蛋糕,各界都希望在其中分一杯羹,这令广告行业的竞争越发激烈。

在边界模糊的情况下,广告公司提高自身的跨界整合与经营能力,面对其他行业对广告业的蚕食与渗透,这都是新挑战与新课题。

(十)互联网大潮对广告从业人员的挑战

基于新媒体的高速发展及日益完善,广告媒体从业人员的工作内容及工作方式也相应调整。微信、微博、App 等新媒体渠道不断涌现,大大提高了对新媒体从业者的综合素养要求,新媒体快速传播的特性要求从业者需具备及时的快速反应能力以及创新精神。另外,广告从业人员的主要构成也从原来的文案、设计等创意人才发展成为具有数据统计分析、数据挖掘、图片处理、网页制作、H5 页面制作编辑、视频剪辑等能力的技术型人才。其中,以 BAT 在领英平台发布的职位为例,腾讯在领英发布的职位中有 40% 与数据挖掘相关;百度在领英发布的职位中有 45% 与大数据相关,包括百度云安全部的大数据研发、百度移动安全部资深数据挖掘工程师等;阿里巴巴在领英发布的职位中与大数据相关职位比例达 50%,超过另两家公司,相关职位包括数据分析工程师、安全架构师、分析师、资深工程师等。

一方面,广告从业人员亟需更新与补充新鲜力量,另一方面,互联网企业对策划创意媒介人才的吸引,还有大众创业、万众创新对从业人员的分流,特别是互联网性质企业对人才的高薪酬、股权以及时尚感的吸引,使得广告业人才的吸引力与忠诚度倍受考验。

二、省广股份的转型思考与行动

省广在过去三十六年的发展过程中,坚持顺应时代的创新要求,将创新与变革精神注入企业发展的各个环节之中,使之成为省广常态化思维模式。如今,面对互联网颠覆性的时代浪潮,省广思考通过创新升级,打破传统经营模式的束缚,运用上市公司的资本优势,利用互联网+的思维,发挥体制与机制的力量,构建新的平台战略与新的整合营销传播模式,其业务发展态势如图 1 所示。

(一)方向数字化

从 2005 年开始,省广正式着眼于互联网行业,成立网络互动局,以网络为枢纽,提供从互动营销咨询、策划、创意到投放、监测、公关等一系列全方位数字营销咨询解决方案。随后于,2008 年成立数字传媒事业部,整合优质的互

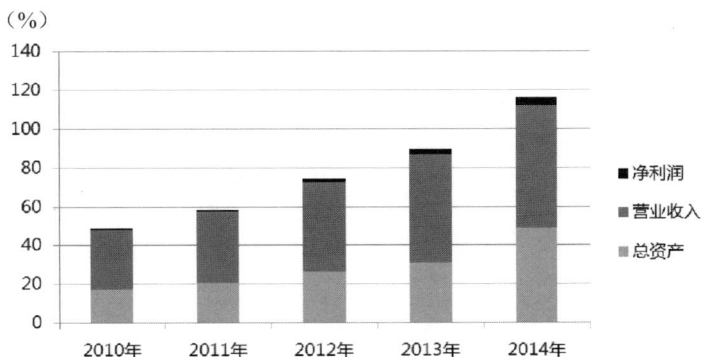

图 1 省广 2010—2014 年业务发展情况

联网媒体通道以及不同领域的内容提供商,建立了省广自身基于数字化广告发布的盈利模式。2012 年,省广旗下全资子公司广东赛铂互动传媒广告有限公司正式成立,再一次体现省广在数字、互动领域上的积极布局。

于深交所上市之后,省广借助资本的力量,持续外延并购,迅速加快移动互联网等数字营销领域的布局。近年来,省广相继投资上海恺达(安瑞索思)以及广州蓝门数字,标志着中国广告业龙头与中国互动广告大鳄相联合,旨在有效整合双方现有业务,形成平台化的资源优势。除此之外,省广收购深圳钛铂新媒体 25%的股权,通过参股国内首家专注于社会化营销的传媒企业,以完善集团数字营销产业链,进一步增强集团数字传播的实力。

2015 年年初,省广成功收购上海传漾与参股深圳东信时代,同步涉足 PC端及移动端精准营销业务。随后,省广收购专注于游戏行业的互联网广告公司——晋拓文化,利用其庞大的网络广告资源库,进一步拓展 DSP/DMP 精准营销业务。博纳思公关以及诺时大数据的成立有效提高省广全平台的数字公关专业以及大数据业务的操作实力,丰富省广在整合营销传播服务链条上的布局,再次优化数字营销业务结构。

建立省广大数据中心,同时依托百度、荣之联等互联网平台海量数据资源,加速数据整合能力,有效分析互联网带来的开放聚集效应生成的海量用户数据,提供包括 DSP、SSP、DMP 及大数据挖掘、消费者行为分析、广告发布监测等在内的跨媒介、跨平台、跨终端的一站式精准化营销传播服务。

由此可见,省广已形成系统化的数字营销产业链,涵盖互动营销、精准营销、ERP 及大数据等数字营销业务,配合集团自身已有的客户资源和多年以来的策划创意硬实力,各数字营销公司及集团自身在省广数字整合营销体系内已达到"1+1>2"的效果。到 2015 年年底,省广数字营销领域总营业额将有巨大的飞跃,服务客户超过 100 个并与超过 200 家主流网络媒体进行持续性的深度合作。

(二)业务整合化

随着时代的发展,广告代理公司的发展面临种种创新与变革,对于广告代理公司而言,不得不面临规模扩张和结构升级带来的重新洗牌,单一的传统广告策划代理业务已远不能满足广告主的需求。这迫使广告企业整合公关、数字营销、精准营销、终端销售、内容打造等各种营销传播工具,打造整合营销全产业链,实现传播效果的最大化,扩大企业综合竞争优势,努力使广告企业立于不败之地。

因此,省广加快兼并收购的步伐,逐步打破传统广告服务的边界。通过收购上海恺达、旗智公关、合众传播、瑞格营销、广州中愨、上海雅润、上海传漾、上海韵翔、蓝门数字、晋拓文化等一系列并购举措,完成对全整合营销产业链的布局,研发万有引力数字化运营系统,成立指标品牌研究院,与 BAT 进行大数据营销开发,将其业务触角进一步延伸至媒介、自有交通媒体、数字营销、公关活动、互动营销、精准营销、户外创意、游戏广告等各个领域(如图 2 所示)。

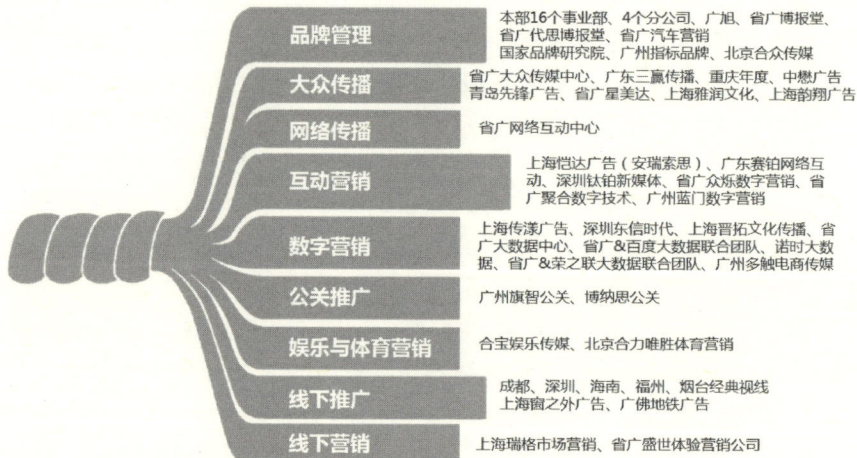

品牌管理	本部16个事业部、4个分公司、广旭、省广博报堂、 省广代思博报堂、省广汽车营销 国家品牌研究院、广州指标品牌、北京合众传媒
大众传播	省广大众传媒中心、广东三赢传播、重庆年度、中愨广告 青岛先锋广告、省广星美达、上海雅润文化、上海韵翔广告
网络传播	省广网络互动中心
互动营销	上海恺达广告(安瑞索思)、广东赛铂网络互 动、深圳钛铂新媒体、省广众烁数字营销、省 广聚合数字技术、广州蓝门数字营销
数字营销	上海传漾广告、深圳东信时代、上海晋拓文化传播、省 广大数据中心、省广&百度大数据联合团队、诺时大数 据、省广&荣之联大数据联合团队、广州多触电商传媒
公关推广	广州旗智公关、博纳思公关
娱乐与体育营销	合宝娱乐传媒、北京合力唯胜体育营销
线下推广	成都、深圳、海南、福州、烟台经典视线 上海窗之外广告、广佛地铁广告
线下营销	上海瑞格市场营销、省广盛世体验营销公司

图 2　省广的业务范围示意图

(三)战略平台化

2015 年 1 月 22 日,在省广成立三十六周年之际,集团正式对外发布平台战略,致力于打造一个多方共赢的平台生态系统,让经营从封闭走向开放,让资源从分散走向整合,让人才从员工变成股东,让利益从独享走向共赢,从而使人才和产业资源快速聚类整合。

省广凭借其资本优势,通过平台战略吸引外部优秀资源及人才到省广组建合资公司,同时,鼓励内部员工实现创业,自由组建平台公司及专业内部工作室,实现对内对外的同步开放。

省广充分借鉴国际 IMC 集团的成功经验,建立按照行业类别、专业垂直组建的 IMC 行业细分平台、IMC 专业细分平台。首先是按行业划分的 IMC 运营公司,比如分成汽车、地产、快消品、金融、通讯、大健康等 IMC 运营公司,服务内容囊括从咨询到终端的所有营销领域。其次为按专业划分 IMC 专业公司,比如按新媒体、大数据营销、娱乐营销、互动营销、体验营销等细分领域进行划分,持续深耕专业服务,持续增强客户黏性。行业、专业细分平台有助于改变广告公司泛专业化现象,为客户提供更全面、更完善、更专业的整合营销传播服务。

省广先后推动旗下合宝娱乐、省广星美达、诺时大数据、博纳思公关、省广汽车营销、省广聚合数字营销、省广众烁数字营销、体验营销等一批平台型公司成立,加之公司自有品牌媒体库不断充实,全营销平台战略持续推进。目前,已成立 10 家专业平台公司,业务范围涵盖影视制作、大数据、互联网公关、数字营销、体验营销等产业链细分领域。其中,合宝娱乐由影视明星赵薇出资250 万元共同成立,构建"内容+渠道+衍生"的娱乐整合营销一体化平台。另外,省广影业及省广电商广告作业平台将陆续成立,实现影视娱乐投资制作及电子商务平台等跨界创新。

(四)人才股份化

为了进一步加大省广对于人才的激励力度,实现员工个人利益与公司发展相绑定,确保员工与公司发展目标的高度统一,省广积极推进集团股份化以及人才股份化的进程。

省广实施平台战略旨在构建平台化的商业模式,采用合伙人制度吸引优秀人才加盟省广,有效联同合作伙伴、投资者、员工、客户等利益相关者共同创造价值,为优秀人才打造更大的舞台。同时,鼓励员工内部创业,组建包括设计、文案、策划等专业工作室。平台战略将采用合伙人制度,通过预留动态激励股份、激励员工为平台做贡献。在每个平台公司达到约定年度盈利指标后,省广将考虑按市场行情回购个人股东的股权,实现多方共赢。

另一方面,由于广告行业属智力密集产业,专业人才可视为公司最宝贵的财富。为充分调动公司管理人员及核心骨干的积极性与使命感,确保公司战略目标的实现和未来的持续快速发展,省广于今年6月正式公布首次股权激励计划,将面向公司高管及所属各部门、各分/子公司核心骨干在内的267人实施股票期权激励,共授予合计903.3万份股票期权,以保障专业人才的发展稳定性。

让员工成为合伙人、合梦人!

结　语

近年来,中国整合营销传播产业在调整中稳步前进,在融合中寻求发展。集团化和媒介融合的两大趋势将使中小广告企业发展空间萎缩加剧,利润空间逐渐缩小。只有规模化的整合营销传播集团才有能力抵御世界跨国广告大鳄的进攻,适应时代发展的需求。陈刚教授也提出,广告公司需改变原有经营方式,通过资本运作,实行资源整合、优势互补、风险共担,形成强势广告集团,实现规模化经营,依托综合实力提高广告业的整体服务水平。

未来,省广将一直坚持内生增长与外延扩张双轮驱动,在发展现有业务的同时,持续推进整合营销产业链的布局,深化产业链及价值链的打造,实现全营销整合传播产业链的运营。

一方面,在做大做强四大主营业务品牌管理、数字营销、自有媒体及媒介代理的同时,不断深化产业链的整合与价值链的打造,利用收购或参股的资本操作进军任何具有发展潜力的文化传媒产业,将服务范畴覆盖到整合营销传播价值链的各个环节,不断发展壮大整合营销传播队伍,通过多维度的业务组合有效整合客户资源、媒体资源、人才资源,使资源共享达到利益最优化。

另一方面,省广将坚定实施平台战略,旨在打破传统经营模式的束缚,构建一个强调"开放、整合、激励、共赢"的平台生态系统。此举有助于公司更好地借助资本的力量,横向外延行业版块,纵向深耕专业版块,使平台形成多方共赢的长效价值体系,打造国际化整合营销航母。同时,聚合更多优质的产业资源和优秀人才,有效联同合作伙伴、投资者、员工、客户等利益相关者共同创造价值,并肩迎接数字时代的机遇和挑战。

　　省广正加速向国际化整合营销传播集团转型升级。在发布平台战略的同时，省广股份正式对外宣布名称由"省广股份 GDAD"变为"省广股份 GIMC"，宣告省广股份迈向国际整合营销传播市场的决心及发展期待。英文简称中的首字母 G 含义由 GuangDong 变成 Global，意味着省广正在弱化区域限制，积极加速国际化整合营销传播集团转型升级。英文字母 AD 改为 IMC，意味着省广从提供单一广告业务发展为提供整合营销传播服务在价值链上的位置提前了。目前，省广已着手从全球招聘优质人才，增强国际化竞争优势，依靠整合全球营销传播资源，最终实现国际化整合营销传播平台运营商的美好愿景。

迎接中国广告的智能化
个众营销时代

——浅议大数据环境下广告营销生态的嬗变

周 羽

（广东省广代思博报堂广告有限公司，广州市，中国，510120）

—— 摘 要 ——

在互联网技术和媒体数字化的推动下，汹涌而来的各种数据日益深入社会各个领域，由此，广告营销生态将进入崭新的时代。大数据及其技术的出现，解构了传统广告以创意为中心的发展逻辑，逐步重构将以技术为中心。从广告受众洞察到广告内容的达成，大数据正影响广告传播闭环的每一个环节。本文从微观广告传播信息层面和宏观广告营销生态层面论述大数据对广告传播行业产生的影响，对大数据环境下广告营销发展趋势进行展望。

关键词：大数据；碎片化；广告媒介；个众营销

广告大师约翰·沃纳梅克曾说过："我知道我的广告费有一半是浪费的，但我不知道浪费的是哪一半"。我们普遍认为，这是传统广告营销生态的典型特征。随着技术的革新和传播环境的变化，特别是大数据整合及技术的普及和提高，有研究者预言，那"浪费的广告费正在被不断找回"。

数据意味是什么？数据研究与广告营销生态的变革构成怎样的关系？英国人类学家托马斯·克伦普在《数字人类学》一书中曾写道："数字的本质是人，数据挖掘就是在分析人类族群自身。"可以说，基于大数据的广告营销，意义就在于对数据进行专业化处理并由此获得价值。

新媒体的社会化平台让每一个网民得以生产、分享内容，各种互联网平台的低门槛性和就近性使广告受众制造数据更为便捷。广告受众在互联网上的系列动作和行为变成数据流，通过大数据挖掘和分析，可对每一个广告受众进行跟踪。按照这个逻辑，只要数据来源足够充分、数据分析技术足够先进，不管受众的分众化和需求的多样性多么复杂，都难逃大数据的"法眼"。这既是对数据技术发展至今的高度概括，也是将"人"作为传播核心并运用技术充分挖掘和履行这种价值的体现。

不可否认，新媒体的"技术赋权"让广告受众的行为及由此衍生的广告营销生态发生变化，从广告创意到投放再到监测都通过大数据及技术完成的结构方式意味着传统广告正从创意导向走向数据导向，这便是基于大数据时代的广告营销生态逻辑。当然，"找回浪费的广告费"之路还有多长，广告在传播中还有哪些工作要做，还需研究者不断探讨。

一般认为，"大数据"的特征主要表现为四个"V"——海量化（Volume）、多样化（Variety）、快速化（Velocity）、价值低密度化（Value）。从企业或组织制造数据转向全民制造数据，当下，大数据的"大"得到前所未有的体现。然而，如此海量的大数据，真正对企业或组织有价值的信息却往往呈现碎片化、隐蔽式分布的特征，广泛呈现在互联网信息消费的各个环节，如消费主体需求的碎片化，消费客体内涵的碎片化，消费环境也呈现碎片化趋势，碎片化不但解构消费过程中的生产和消费，还给广告营销生态带来不同层次的影响。换言之，只有把这些零散分布的、碎片化的大数据重新组合、归类、排列、对比，才能彰显大数据的真正价值。更重要的是，如果不能在第一时间分析出其中的价值，这些数据马上就会过时，价值全无。

全民制造大数据，大数据时代正引发传播环境的变化，影响广告营销生态的结构和组成。有效利用大数据，将为广告传播带来新的发展契机。

一、广告传播"去广告化"，走向"内容信息化"

新媒体时代是信息消费时代，基于信息需求，广告受众通过互联网搜集信息，经过甄别和评价，获取满足自己精神需要的信息并分享。这不仅是通过互联网获取信息产品和信息服务的消费行为，获取信息背后的价值和使用价值更是广告受众为满足自身精神需求而产生的营销行为。

麦克卢汉在《理解媒介：人体的延伸》中写道："电子技术下，人类的全部事务变成学习和掌握知识……这意味着所有形式的职业变成'有偿学习'，所有形式的财富都来自信息的流动。"他还提到，"时间（……）和空间（……）在瞬时信息时代双双都化为乌有。今天，收集信息重新占据包罗万象的'文化'概念，完完全全如同原始的食物采集者在同整个环境完全平衡的状态下工作一样"。

这些论述可以说是对人类目前正在步入的由大数据时代引领的知识经济时代的轮廓性勾画。

与此同时,麦克卢汉从功能和影响效果两个角度对"内容"这一概念也做出标新立异的解释。麦克卢汉将媒介对社会的影响视为媒介的"内容","简单即是媒介带给社会的信息"。关于从媒介技术的功能角度理解"内容",麦克卢汉亦出语惊人地提出任何媒介的"内容"总是另一媒介:"言语是文字的内容,正如文字是印刷的内容一样。印刷则是电报的内容。如果问及,'言语的内容是什么'?那么就有必要回答,'它是思想的实际过程,这本身是非言语的'。"他还将媒介效力强归因于一种媒介总是被赋予另一种媒介作为其"内容"。应该说,媒介作为承载并传递社会信息的工具,一旦进入信息流程,便会以其自身特征与活力对社会与其成员产生有力的影响。

可以断言,全民制造大数据时代,当每个广告受众都变成承载信息的数据时,广告将更多"去广告化",走向"内容信息化"。

二、大数据显现的"碎片化"与"个众传播"

在社会阶层"碎片化"基础上,人群的消费、品牌、媒介、生活方式也会发生相应变化,大数据时代的"碎片化"即社会阶层的多元化。换言之,即使年龄、教育、收入都基本相同的消费阶层内部,也完全可能因为态度观念的不同而"破碎"为不同的消费群体,产生不同的消费行为。

过去的百年间,传播史历经"大众—分众—精众—个众"的演进,大众媒体生态的消解和传播媒介的非群体化导致广告传播模式彻底改变。正如美国学者托夫勒在《第三次浪潮》中指出,标准化是第二次浪潮的首要法则。可以说,"大众"媒体时代的广告传播纯粹追求人群数量,以扩大覆盖面来改善传播效果,形成广而告之的"漏斗式"传播模式。"分众"则是对广告受众进行细分,虽然传播精准度得以不断提高,但实质仍是媒体本位,未能实现对广告受众的精准锁定。"精众"则是对广告受众进行进一步提炼,但仍然存在着群体宽泛化定义,更多是通过简单维度的信息传递来达成传播影响的不精确性。

基于大数据挖掘的广告传播可以实现完全针对个体的精准传播,即个众传播。所谓个众,即是个体受众。从传播角度看,个众是一个个能独立向外扩散信息的媒体;从营销学角度看,个众是精准的目标广告受众,代表越来越个性化的广告需求。随着互联网技术的发展,新媒体通过跟踪广告受众在网络上的浏览痕迹,运用云计算和其他数据处理技术实时筛选、锁定,由此分析每一个个体的态度、意见和行为变化，掌握实时的个性化需求，实现真正意义上的精确制导。比如通过了解单个广告受众的动态欲求，营销人员就能开发出只针对这一个个众的广告或营销信息。

个众传播，实现从"精准到一类人"到"精准到一个人"。

三、精准制导，"个众传播"引领广告智能化生态新浪潮

广告传播的精准性有两个内容：(1)内容精准，广告传播的内容必须是目标受众最需要的，能打动其内心的。(2)投放精准，广告投放媒体的受众和品牌的目标受众重合度必须最高。有效的广告传播建立在受众洞察基础之上，对广告受众的需求了解得越深，广告内容就越精准。

诚然，传统的洞察方式正不断进步，逐渐由"理性意识"深入"隐秘欲望"。从广告受众的性别、年龄、收入、教育程度、产品使用量、使用地点、宏观生活方式等外在数据收集，到注重广告受众内心隐秘欲望的考察。利用大数据及其分析技术，广告受众的数据收集将越发宏大和精确。可以说，大数据时代的广告受众，真正变成可被分析的数据流，原子式的广告受众成为数据分析人员图表上标注的一个个点。利用大数据，不仅可以明晰界定广告的受众是谁，受众的具体需求是什么，还能确定受众需要什么样的广告内容。如通过对受众个体行为态度等数据的分析，可确定受众对广告文案、图像等所有广告元素的偏好。

毫不夸张地说，大数据分析及技术将实现传统广告人梦寐以求的双向精准。可以预见，基于个众洞察实现定制化广告创意和内容推送的智能化广告模式将会是未来广告生态一道独特的景观。

四、全样本个众大数据，人网互联的动态优化

传统的广告营销将广告受众看作静态的，简单来说，即广告受众的需求和动机是不变的，基于此广告内容和广告运动形成区隔。由此，传统的广告检测和评估方式也是静态和间断的，事实上，现实中广告受众的需求和动机是一个不断变化的过程。

大数据及技术通过广告受众留下的信息痕迹展开实时跟踪，经由广告受众不断变化的行为轨迹并实时调整传播策略及广告内容以适应不断变化的需求与动机。在大数据平台及监测体系中，个众是数字化的，广告受众的行为、

需求等都会转化为数据结果,然后被精确测量。正如研究者言:"互联网最本质的一点,就是它真实地展示了个人想法,并能迅速为人所知。"

伴随着移动化、物联网化、自媒体化,广告受众信息接触和分享模式的不断变化,大数据化将导致广告营销生态的变革。大数据背景下广告生态的大融合,中国社会科学院信息化研究中心秘书长姜奇平预测,未来的广告将用全新的模式,例如诱使顾客打开手机开放数据,根据手机上独一无二的专属数据,如消费数据、日程安排,为受众推送完全个性化的广告。

当广告受众变成互联网上一个个被数字标注的点,受众的需求、行为法则即是可被分析的数据流。通过大数据挖掘及分析,传统广告对"目标受众的聚类分析"将解构成对"目标个众的实时监测",利用大数据可以得到目标受众的全息人像写真及洞察分析,由此定制广告内容并实现实时推送,由此还可以大幅提高广告媒体的匹配度。广告内容和广告投放的双重精准因大数据而得到重构。进一步,将数据挖掘与营销洞察相结合,因应个众需求和动机的不同,相信未来的广告营销将最终将走向个性化、智能化的跨平台整合营销传播。

参考文献

[1]黄升民,杨雪睿.碎片化背景下消费行为的新变化与发展趋势[J].广告研究:理论版,2006(2):6—11.

[2]国金证券."大数据"专题分析报告[EB/OL].(2011-12-07)[2012-12-12].http://finance.qq.com/a/20111212/003933.htm

[3]姜奇平.从精准到推荐:大数据时代重构网络广告商业模式[J].互联网周刊,2012(20):24—30.

《重塑消费者—品牌关系》的
几点拷问

——《重塑消费者—品牌关系》导读

沈　虹　郭　嘉

（中央民族大学,北京,中国,100081）

> 顾客或消费者已经控制市场。技术让信息接收者能够控制他们的信息消费——他们如何进入、他们接受什么样的形式,以及他们产生什么样的反应,都由他们自己主导。

> ——唐·E.舒尔茨

《重塑消费者—品牌关系》一书的作者唐·舒尔茨,是美国西北大学整合营销传播教授。舒尔茨教授是整合营销传播理论的开创者,被誉为"整合营销传播之父",全球权威的《销售和营销管理》杂志推举其为"20 世纪全球 80 位对销售和营销最有影响力的人物之一"。

一、为何要重塑消费者—品牌关系

舒尔茨教授关于整合营销传播方面的著作在中国和亚洲大多数国家被当作营销传播领域最重要的专著。1990 年,整合营销传播的第一本著作《整合营销传播:21 世纪企业决胜关键》被译为中文;2004 年,《整合营销传播:创造企业价值的五大关键步骤》出版中文版。这两本专著阐释的营销传播理念、思想和方法对中国营销传播业界和学界都产生极为深远的影响。

《重塑消费者—品牌关系》一书,是舒尔茨教授的一部再出发的诚意之作。正如丁俊杰教授所言:如果说整合营销传播是 20 世纪舒尔茨教授对全球广告传播的理论贡献,那么,21 世纪他的贡献在于致力于重塑消费者与品牌的关系。在固有的传播形态完全被颠覆的数字传播时代,消费者对品牌的态度是营销传播的胜败关键。舒尔茨教授用一套完整而可行的操作系统对自己的整合营销传播理论进行扬弃。

舒尔茨教授之所以认为消费者和品牌的关系需要重新认知，是因为他认为目前大部分研究营销传播的书籍都在使用三十多年前确定的框架和内容。所有的传播，无论是广告、营销传播、促销或其他什么方式，都是由内而外的。从产品或服务、客户或公司出发，组织对外传播计划，来售卖、告知、说服、劝导顾客、消费者、潜在消费者或目标市场，他们应该购买、尝试、继续使用或推荐给别人使用……传播的内容都是事先设计好的鼓动性信息。这一切都是内部导向的——运用4P的步骤，即产品、价格、渠道和促销，建立一个传播策划体系，将广告、直销、促销、公关组合在一起，连同一大堆在线、互动、社会化媒体扔进当下听起来火爆热烈的各种新花样、新手段里。

总之，舒尔茨教授认为：大多数研究广告战役的著作问题都是一样的，期望值是一样的，结构也是一样的。营销者想要对潜在消费者说的和所期望达到的市场目标都是由内而外的。营销者控制一切，不管顾客或消费者愿意或不愿意，都要无条件接收市场信息和刺激。营销者用概念驱动创意和内容，大众媒体与大众传播是其传播渠道，一切看似繁复的变化仅仅取决于营销者如何混合和匹配信息和刺激。这类著作今天看来实在乏善可陈，至少从指导意义上看，它们正变得与实际市场状况越来越不相干。

舒尔茨教授认为，在移动互联网平台飞速发展的今天，"营销传播"这一概念比"广告战役"更广泛而深刻。品牌与消费者之间的关系以消费者的方式去塑造并长期维护是营销传播活动的核心所在，市场已经不再由营销者、媒体、甚至是营销事件的策划者来控制，顾客或消费者才是市场的主导力量。技术让信息接收者能够控制信息消费——如何进入、接受什么样的形式，产生什么样的反应，都由他们自己主导。所以从顾客或消费者出发，制定基础的传播方案才真正有意义，这也正是舒尔茨努力的方向。在碎片化的市场环境中，通过了解顾客、消费者喜欢使用以及如何使用媒体和促销形式来制定营销传播方案，大大简化了媒体策划程序。消费者和顾客参与品牌建设和发展，而不仅是产品和服务。他们才是商品买卖的关键，他们为品牌的建立创造了一套全新的方式，为品牌的长期发展增加价值。

二、营销传播市场中的四个基本要素

本书从消费者出发，指出营销传播市场中以下四个基本要素，传播者可以将这些要素用于任何产品或服务、任何市场和不同文化背景的地区：(1)品牌。
(2)目标人群，这是信息需要到达或对话的对象。(3)可以用来创建和持续对
话的传输形式。(4)内容或营销者提供给顾客或消费者的品牌价值主张。这
四个至关重要的元素能够帮助专业人士制定出更有效、更高效的以维持长期
关系的传播方案。该书为有危机意识和革新意识的人所写，这些人想以"推"
或开放体系去管理营销传播项目，但同时意识到消费者和顾客将发挥"拉"的
作用，他们将通过网络从地球的每个角落收集关于产品和服务的信息。今天
的营销不是非此即彼，而是既此亦彼。这是消费者—品牌关系得以开发并维
护的关键因素所在。

我们需要建立一种能够通过各种形式的营销传播来发展消费者关系的新
方法，书中也举了许多例子：(1)市场变了。(2)消费者和潜在消费者变了。
(3)媒体和传输的形式与系统变了。(4)竞争者变了。简单来说，就是营销者
和营销传播者发现他们已经身处于完全不同于以往的空间，营销者们不可能
再回到以前那种能够掌握市场的"正常"状态，他们熟知的 20 世纪末期的市场
已经远去，纠结于过去只能使接下来的路变得崎岖。市场和传播领域只会越
来越复杂多变，难以捉摸。随之而来的好处是，营销传播将变得全球化，变得
越来越刺激有趣，这为企业带来难以想象多的机会。有些事物对一些人来说
是可怕的，而对另一些人来说却是难得的机会，究竟是困境还是机遇，这就看
理解的角度了。

三、从消费者和潜在消费者谈起

在这所有的变化中，舒尔茨教授认为，唯一明确的是消费者是驱动所有市
场的核心。使用"消费者"这一名词时，指的不仅是那些购买产品的人，还包括影
响他人购买行为的人，比如推荐者、供应商、公司员工以及媒体，这些消费者不同
于最终使用者。这种广义的消费者定义使得消费者—品牌关系不再与传统的
营销传播相似。

无论定义是怎样的，消费者都是市场竞争中唯一要紧的人。获得所有的
资源却得不到消费者是赔本的买卖，无论是什么样的企业身处什么样的市场
和竞争体系中，消费者都只可能越来越重要。营销人员要想在品牌与消费者
之间建立关系，就应当了解该消费者的动机、观念和态度，而且意识到外部因
素可能会影响消费者的决定。研究发现，消费者做出的每个消费决策都与其
情感有关，营销者必须保证他们所建立的品牌与消费者之间的关系是基于情

感纽带的,而不只是基于实践理性的。

尽管消费者如此重要,许多企业机构对消费者却了解甚少,对潜在消费者的认知就更不用说了,过去的几十年里,营销传播领域中以产品为主导的习惯造成这一困境。自从半个世纪之前,4P 这种向内关注企业要做什么而不是消费者想要企业做什么的理论出现之后,营销者们终于挣扎着从向内关注转化成向外关注,开始关注消费者。这对于企业来说可能是最难改变的,尤其是那些使用 60 年代或 70 年代的营销方式已经成功获取市场的企业,他们会认为这些方法放在过去可以成功,为什么现在不可以?但是很明显,正在发生的变化让我们不得不彻底改变过去的看法。

舒尔茨阐述并展示了新的与消费者沟通的方式,其方法论是以消费者为出发点的,先了解消费者的需求,然后通过产品服务来提供营销解决方法。对于营销者们来说,这是一种完全不同于以往的思考方式。举例来说,从 1985 年到 2004 年,美国市场营销协会(AMA)使用了未提及消费者或消费者关系的市场定义:"营销是计划和执行关于产品、服务和创意的观念、定价、促销和分销的过程,目的是完成交换并实现个人及组织的目标。"①而在 2004 年,AMA 又对营销的定义作了一番修改,将重心转移到消费者、关系和价值上:"市场营销是创造、沟通与传送价值给顾客,及经营顾客关系以便让组织与其利益关系人受益的一种组织功能与程序。"②AMA 花了 20 年的时间才做出这个修正的决定。在营销领域和营销传播领域里,改变总是来得较慢,营销者虽主张改变,但并不会立即将改变归纳并应用到系统中。

本书所讨论的主题较为新颖,也有些人觉得是革命性的改变,这些论点都是基于对学生和从业者在 21 世纪将会面临的问题而提出并论证的。

许多企业、机构和营销者都自称或希望以消费者为中心,但是只有很少的人真正做到,例如联邦快递、UPS、IBM、美国汽车协会(USAA)和英国的特易购(Tesco),许多公司努力按照消费者的要求改变。以往企业和机构经营的重点不是为了服务消费者,而是为了向潜在消费者进行推销。过去这种理念是很有市场,但也是这种观点使得当时的企业会有"对通用汽车好的就是对国家好的"以及"没有人因为购买 IBM 而被解雇"等想法,其实这些理念都是将营

---

① 唐·E.舒尔茨等.重塑消费者—品牌关系[M].沈虹,郭嘉等,译.北京:机械工业出版社,2015:435—436。

② 唐·E.舒尔茨等.重塑消费者—品牌关系[M].沈虹,郭嘉等,译.北京:机械工业出版社,2015:436。

销者放在首位,而非消费者。

四、信息传输系统的改变

21世纪媒介市场的新发展有两个主要的推动力,第一个是媒介本身及媒介传输系统背后的技术,第二个是媒体消费者及受众消费传播媒介的方式的改变。

媒介多重任务、相关性和感受性、品牌接触和参与性是了解当下媒介传输系统的四个关键概念。无疑,营销人员用消费者—品牌关系方法创建有效和持久的消费者和潜在消费者关系时,这四个因素发挥关键作用,它们也影响营销人员对产品或品牌、受众、传输系统和内容这四个要素的使用。

舒尔茨教授认为传统的向外输出式的营销传播已经不能满足如今互动性越来越强的市场,但只直接转化成新的媒介形式,改进企业现行的拉式传播方法也非长久之计。消费者生活在一个推式与拉式传播相结合的世界里,营销传播的问题不是何时何地使用推式或拉式营销,而是高效地同时利用两者,同时管理企业与消费者的传播需求。

更重要的是,更多的消费者可以轻松地在"数字"与"模拟"中来回移动:从杂志到iPod,从移动电话到黄页,消费者认为哪种方式能最有效地解决现有问题便会选择。他们不在意营销技巧或理念,只会选择最佳方案。营销者必须重视消费者的倾向而不是依靠惯用的营销工具,营销者们倾向通过电视广告来宣传产品,而消费者更倾向于从网络获取信息,谁赢得最终胜利是显而易见的。

未来,营销人员将使用各种方法结合传统媒体和新媒体以刺激品牌与消费者之间互利交换的传播。这也是该书的中心思想:消费者—品牌关系是以这种互利交换为特点并且事实上也是由此定义的,即消费者有能力和意愿去接收的品牌内容和信息与营销者能够和愿意提供的一样多。消费者将进行多重任务媒介消费,正如营销者可以在多种媒介形式上获得信息一样。

五、营销传播再培训

对于营销传播者来说,最现实的挑战莫过于重新培训。对于传播工具,消费者远比营销者要熟悉。营销者们接受过的训练,都是基于传统的、向外输出式的媒介系统基础上的,比如新闻、杂志、广播、电视、广告牌。大多数营销营销训练项目,无论是在学校里的还是会议上的,都将重心放在如何形容并阐释与传统媒介形式捆绑在一起的单向输出式的推式传播系统。营销者们还是沿用着以前的那一套：电视广告、促销刺激和公关，并不在乎消费者如何获取，接受并处理营销者们抛出来的信息。这种线性的模式 AIDA（注意、兴趣、欲望、行动）已经使用了 100 多年，哪怕在 20 世纪能用，如今也是用不得了。

很明显，我们需要新视野、新方式和新方法论。舒尔茨教授提出整合品牌传播模型（图 1）。这个模型的三个主要元素——消费者、传输和内容——都与品牌传播相关。我们认为这个模型不仅稳固、集中，而且与现在的市场息息相关。

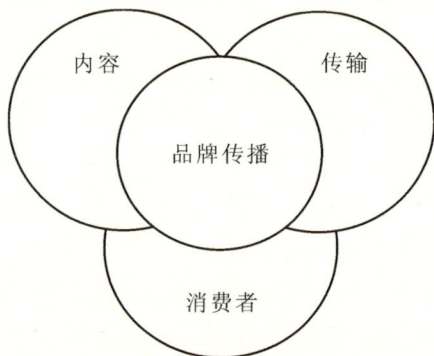

图 1 整合品牌传播模型

舒尔茨教授表示，他承认，在 21 世纪初，建立消费者—品牌关系不是发展营销传播活动的唯一方法。但是他相信这个模型已经指明营销传播机构的方向，这是一个非常可行的解决方案。

考虑发出营销信息，同时回应消费者要求的需求将营销传播策略复杂化了，这需要企业能高效地多线程工作，培养新的能力，以加强与消费者的沟通交流。

建立消费者—品牌关系是艰难复杂的工作，这种关系也可以简化需求，只需要了解消费者。这意味着从刺激分配向了解媒介传输和激励消费的转变，这种转变激发了营销传播经理衡量和承担责任的能力，而这两个领域是他们以往忽略的。

简单来说，新的市场要求新的工具、新的方法和新的理论系统，但最重要的是新想法。在空间和时间允许的情况下，我们尽可能提供更多的概念和方法，但是研究范围还不够大，许多新方法在探索。本书中提出的想法还只是在探索的初级阶段，还有许多问题要研究。

消费者驱动所有成功的企业,深入地了解消费者是企业成功的关键。对消费者的了解在与其的双向沟通中十分重要。传播是建立持续关系的黏合剂,因此,如果营销者了解消费者并能够创造传播黏合剂,这种结合将会为双方赢得利益。

该书讨论的重心为营销机构如何通过了解产品间的差异来了解消费者与潜在消费者;营销机构如何使用品牌来区别自己与竞争者的产品与服务;品牌传播如何与消费者建立长期互利的关系。

六、SIVA 系统

书中详细介绍了舒尔茨教授最近开发的 SIVA(解决方法、信息、价值、获取)系统,该系统在世界范围内都得到广泛应用。

SIVA 系统是以消费者需求为基础的方法,企业借助这一系统来将策略过程转变为以消费者导向。研究和营销团队根据这一方法总结出消费者的需要,营销者利用这些信息来为消费者搭配符合要求的产品。SIVA 既是以消费者开始的,就不需要了解产品是否符合消费者需求。相反,适当的推式或拉式的传播程序自然而然地呈现于对用户需求的分析中。SIVA 是对营销方法的再概念化,主要是基于消费者的观点来发展的营销。针对 SIVA 有 4 个重点,也是消费者在考虑购买时会提出的四个问题。

S 代表解决方法,消费者的问题:如何解决我的困难?对于我需要的、想要的、渴望的所能提供的解决方案是什么?一旦找到了最好的解决方法,下一步就是告知消费者这种方法。

I 代表信息,消费者的问题:在哪里能够找到解决我问题的方法?营销者面临的挑战是识别消费者需要什么种类和级别的信息。无论是推式还是拉式营销,其共同的重点都是辨别消费者想要什么信息、如何获取这些信息,意即信息的内容与传输方式都是营销者需要重点考虑的问题。一旦消费者获得消息信息的价值就会得到体现。

V 代表价值,消费者的问题:所提供的解决问题的方法的价值是什么,它是否能解决我的问题,为了获取这种方法我需要付出什么?

A 代表获得,消费者的问题:去哪找到解决方法?今天我们不再考虑如何将产品带给消费者,而是使用 SIVA 系统考虑如何带给消费者解决方法。如今,问题不在于使用什么种类的物流系统而是更多地考虑用什么类型的分销系统才能让消费者方便获得产品或服务。

　　SIVA 系统的目的在于针对每个市场细分提供一个完美的解决方案、信息、价值和获取的组合。如何定义、设计和传输这些组成部分是营销者面临的重要挑战。SIVA 系统提供了一个完全不同的方式来策划思考开发消费者—品牌关系。

　　2012 年 11 月,舒尔茨教授首次亲临中国介绍了他基于 SIVA 模型的新营销理论。在舒尔茨看来,信息技术的应用在全球范围内改变了营销市场,需要建立一种新的由消费者主导的交互市场营销体系。他认为:传统的营销系统都是线性输出,基于内部驱动的品牌传播方法。而现在,消费者决策体系由线性变成网状,选择由单一的点变成立体的面。消费者从被动的信息接听者或者接收者变成主动的信息获取者,这促使营销活动中信息传播的方向发生改变,因此,品牌营销必须以消费者为中心,满足消费者的需求,与消费者深度对话和沟通。基于舒尔茨的 SIVA 模型,百度营销研究院提出"百度 Moments"营销方法论,基于百度庞大的用户数据库,为企业找到营销的关键时刻,使得企业能够在合适的时间节点以合适的方式和合适的消费者进行对话与沟通。

　　总之,《重塑消费者—品牌关系》一书认为营销传播市场中有四个基本要素——消费者、品牌、传输系统与内容;营销传播人要将这四个要素组织起来,用新的方式指导营销传播活动。

　　舒尔茨教授在中文版的序言中诚恳地写道:在此书中,你不会读到太多关于广告、公关、促销或最新型的令人激动的社交媒体的内容,因为它们都是工具、策略和技巧。这本书讲述的是更重要的部分,比如消费者、潜在消费者、买家、用户、品牌倡导者和品牌传输者。这本书是关于人的,因为购买产品和服务的是人本身。那些闪闪发光的新型媒体也许在购买过程中会起到促进作用,但是,最终促使产业成功的是那些拿钱去进行购买的人。

　　这本书与众不同,其特别之处在于它从不同的视角倡导和践行整合趋势与整合营销传播,它面向那些希望以各种形式与人们沟通、对他们产生影响的读者。